不完全数据下一类指数分布族的统计推断

周俊梅 著

中国财经出版传媒集团
中国财政经济出版社
·北京·

图书在版编目（CIP）数据

不完全数据下一类指数分布族的统计推断 / 周俊梅著. -- 北京：中国财政经济出版社，2024. 4

ISBN 978 -7 -5223 -2971 -0

Ⅰ. ①不… Ⅱ. ①周… Ⅲ. ①经济统计-统计推断 Ⅳ. ①F222. 1

中国国家版本馆 CIP 数据核字（2024）第 059278 号

责任编辑：彭 波　　责任印制：史大鹏
封面设计：孙俪铭　　责任校对：徐艳丽

不完全数据下一类指数分布族的统计推断
BUWANQUAN SHUJUXIA YILEI ZHISHU FENBUZU DE TONGJI TUIDUAN

中国财政经济出版社 出版

URL：http：//www. cfeph. cn
E - mail：cfeph@ cfeph. cn

社址：北京市海淀区阜成路甲 28 号　邮政编码：100142
营销中心电话：010 - 88191522
天猫网店：中国财政经济出版社旗舰店
网址：https：//zgczjjcbs. tmall. com
中煤（北京）印务有限公司印刷 各地新华书店经销
成品尺寸：170mm × 240mm　16 开　7 印张　96 000 字
2024 年 4 月第 1 版　2024 年 4 月北京第 1 次印刷
定价：68. 00 元
ISBN 978 - 7 - 5223 - 2971 - 0
（图书出现印装问题，本社负责调换，电话：010 - 88190548）
本社图书质量投诉电话：010 - 88190744
打击盗版举报热线：010 - 88191661　QQ：2242791300

前　言

统计模型的参数估计在数理统计中占据重要的位置，一直以来是统计学研究的热点。伽马分布的参数估计是一个基本且重要的问题，文献中已有的方法包括矩估计法、极大似然估计法、伪极大似然估计法等，主要在估计偏差方面得以改进，而对于估计的效率较少提及。如何提高参数估计的有效性，这是一个值得研究的课题。此外，在生存分析和可靠性分析中，常常会遇到删失数据，基于删失数据的双参数指数分布的最优置信域问题，尚未有文献报道。记录值在经济学、生存分析中常常出现，基于记录值的双参数指数分布和威布尔分布最优置信域问题值得进一步研究。基于此，本书研究了伽马分布参数的有效估计问题，研究了双参数指数分布在删失数据和记录值下参数的最优置信域问题，以及研究了威布尔分布在记录值下参数的最优置信域问题。本书共有 5 章内容，具体而言，研究工作概括如下。

第 1 章是绪论。第 2 章研究了伽马分布参数的有效估计问题。利用子集似然函数，通过单变量优化无需求导的算法，极大地降低极大似然估计的计算难度；利用形状参数极大似然估计的线性函数估计形状参数，根据均方误差达到最小建立线性回归模型，通过蒙特卡罗方法得到参数的新估计。模拟计算验证了所提出的估计的有效性和可行性。第 3 章研究了基于删失数据双参数指数分布的最优置信域问题。首先，根据充分性原则提出一种基于充分统计量的方法，找出给定置信水平下参数的最小面积置信域；其次，进一步将所提新方法分别应用于第Ⅱ类逐步删失样本和第Ⅱ类双删失样本下的双参数指数分布，得到两种样本下参数的最小面积置信域，并与经典置信域进行比较。最后，比较研究和实例分析验证了所提方法的可行性和最优性。第4章和第5章分别研究了基于记录值双参数指数分布和威布尔分布的最优置信域问题。利用基于充分统计量的方法得到双参数指数分布在上记录值下的最小面积置信域，推广已有文献关于正态分布最小体积置信集的方法得到威布尔分布在上记录值下的最小面积置信域，并利用估计效率，将其与经典置信域进行比较研究。模拟计算和实例分析证实了新方法的可行性和最优性。

本书研究了不完全数据下一类指数分布族的点估计、最优置信域问题，研究结果为参数估计和假设检验提供了理论和方法支持，具有深刻的理论意义和广泛的应用价值。

本书得到海南省自然科学基金（121QN227）、“数据科学与智慧教育”教育部重点实验室的资助。由于水平有限，书中不足之处，敬请读者批评指正。

作者

2024年1月

目　录

第1章

绪论

1.1 研究背景

统计数据分析是利用样本数据建立统计模型，并用它描述、拟合及解释数据的分布与结构，然后作出精确可靠的统计推断、预测或决策。统计分析的可靠性在于理论模型对实际数据的拟合优度。对参数模型而言，模型的拟合优度取决于参数估计的优良。因此，参数估计是统计分析中最基础和最关键的环节，其估计精度直接决定统计分析的可靠性。在数理统计中，参数估计包括点估计和区间（域）估计。一般而言，参数点估计的优良与否将直接影响区间估计的精度和假设检验的功效。因此，在点估计方面取得的研究进展将对区间估计和假设检验的研究产生巨大的推动作用。

首先，伽马分布作为统计学中一种重要的概率分布，其参数点估计的方法有很多，其中最重要的是传统的极大似然估计。极大似然估计具有良好的大样本性质，如相合性、渐近正态性、渐近有效性等，然而，在实际的有限样本（尤其是小样本）情形下，极大似然估计的表现却欠佳。因此，如何在极大似然估计的基础上，适当加以改进得到更精确的估计，使其既具有极大似然估计的优良性，又能在有限样本下表现出色，这是本书研究的问题之一。

其次，对区间（域）估计而言，关于单个参数的最短置信区间的研究已基本成熟。然而，对于多个参数的最优区域估计，至今没有一个比较完整的方法或结论，尤其是对于指数分布族而言。指数分布族是一系列分布的统称，包含连续和离散的相关分布，如正态分布、伽马分布、指数分布等。指数分布族中的分布，常用于机器学习模型中的参数假设及参数推理中，因此对指数分布族的统计推断研究，将为机器学习打下坚实的基础。在不完全样本数据（如删失数据、记录值）的背景下，对指数分布族的参数估计的研究成果主要利用置信集的体积大小衡量置信集的精确度，并在这个尺度下得到参数的最优估计。然而，置信集的最优性在参数发生变换时将很难保持。为此，本书将研究一类指数分布族在不完全数据（如可靠性统计和生物统计研究中常见的删失数据）下参数的最优置信域问题，给出各种分布的最优置信域的计算方法，并探讨如何把低维置信域的成果加以推广，提高多维置信域的估计精度。研究成果既能丰富和发展统计学理论，又能应用于实际数据分析以提高统计推断、预测或决策的精确度及可靠性。

1.2 研究现状

1.2.1 伽马分布的点估计问题

点估计，又称定值估计，是由皮尔逊（K. Pearson）于1894年提出的。给定样本数据，样本统计量的值为数轴上某一点，估计的结果以一个点的数值表示，称其为点估计。点估计的目的是依据样本 X 来估计总体分布中所含的未知参数 θ 或 θ 的某个函数 $g(\theta)$。一般而言，θ 或 $g(\theta)$ 指总体分布的某个特征值，如数学期望、方差、标准差、相关系数等。点估计的方法有很多（Lehmann and Casella，1998），如最小方差无偏估计（MVUE）、最佳线性无偏估计（BLUE）、最小均方误差估计（MMSE）、中值无偏估计、极大似然估计（MLE）、矩估计（ME）和广义矩估计（GME）等。其中，极大似然估计是一种常见而重要的估计法。它是由英国统计学家费歇尔（R. A. Fisher）于1912年最先提出的，并在 Fisher 的后续研究工

作中得以发展。极大似然的思想是：对给定的一个统计模型，即一族分布 $\{f(\cdot;\theta)|\theta\in\Theta\}$，其中 θ 指模型参数（可能是多维的），设样本 $X=(X_1,X_2,\cdots,X_n)$ 的联合分布密度为 $L(X;\theta)$，若固定 X 而将 L 视为 θ 的函数，则称之为似然函数 $L(\theta;X)$；当 X 是简单随机样本时，似然函数 $L(\theta;X)=f(X_1;\theta)f(X_2;\theta)\cdots f(X_n;\theta)$；若 $L(\theta;X)$ 的最大值存在，则 $\hat{\theta}\in\{\arg\max L(\theta;X)\}$ 被称为极大似然估计，其中 $\theta\in\Theta$。为了计算的方便，通常的做法是先取似然函数的对数 $l(\theta;X)=\ln L(\theta;X)$，然后再求 $l(\theta;X)$ 的最大值点。

伽马分布，作为统计学中一种重要的概率分布，其参数的点估计问题一直是统计学者关注的问题。Choi 和 Wette（1969）提出伽马分布参数的极大似然估计并研究其偏差；Shenton 和 Bownman（1972）研究伽马分布参数的极大似然估计的矩，得到尺度参数倒数的极大似然估计；Stacy（1973）得到两参数伽马分布的伪极大似然估计；Anderson 和 Ray（1975）从修正偏差角度改进伽马分布的极大似然估计；Berman（1981）指出伽马分布参数的极大似然估计始终是正偏的；Hwang 和 Huang（2002）利用特征值提出伽马分布参数的一种新的矩估计；Zaigraev 和 Podraza - Karakulska（2008）得到在伽马分布尺度参数未知的情况下，位置参数的极大似然尺度不变估计，并证明极大似然尺度不变估计比一般的极大似然估计具有更小的偏差和方差；Pradhan 和 Kundu（2011）利用 Lindley 的渐近展开式得到伽马分布参数的渐近贝叶斯估计。伽马分布形状参数的极大似然估计虽然具有相合性、渐近正态性和有效性，然而较大的偏差导致它的估计效率偏低。为此，Zhang（2013b）利用线性回归模型，提出一种改进后的极大似然估计，这种估计极大地修正了估计的偏差；Ye 和 Chen（2017）利用 Stacy（1962）提出的广义伽马分布，通过似然方程得到伽马分布参数的封闭式估计，同时修正了估计的偏差。

1.2.2 删失数据

“删失”一词来源于心理学，意指刺激过强时感官不予反应。在统计学中，删失是指在测量值或者观察值中，仅有一部分值是知晓的情形。例如，在临床试验观察中，由于病人的失访或死于无关原因导致一部分数据未知；在工业寿命试验中，由于试验对象的损坏即停止观察导致数据不全，等等。“缺失”是由于人的主观失误或有意隐瞒造成数据的缺失，例如，在市场调查中，被访人拒绝透露相关问题（如个人收入）的答案或回答的问题无效，或数据录入人员由于失误漏录了数据，等等。因此，删失数据和缺失数据是有区别的。

删失数据分为左删失、右删失、区间删失和随机删失。令个体死亡（或试验失败）的时刻为 T，删失时刻为 C，观察值为 $\min(T, C)$，其中 C 为随机变量，则称其为随机删失；右删失和左删失综合起来被称为双删失。就删失机制而言，删失又分为两种类型：

（1）一个试验由一组物体或个体参与，如果在事先预定的时间即终止试验，且在这一时刻任何剩下的被试个体从右边被删除，则称其为第Ⅰ类删失，又称为定时删失。

（2）一个试验由一组物体或个体参与，如果在事先预定的一个数被观察到试验失败时即终止试验，剩下的被试个体全部从右边删除，则称其为第Ⅱ类删失，又称为定数删失。

在寿命试验和可靠性试验中，还有一种常见的删失叫作逐步删失，其中第Ⅱ类逐步删失（Balakrishnan and Cramer，2014）的定义是：假设有 n 个个体参与试验，当第一个试验个体失败的值 X_1 被观察到时，立即将 r_1 个个体随机地从试验中移除；当第二个试验个体失败的值 X_2 被观察到时，立即将 r_2 个个体随机地从试验中移除；这样的过程一直持续到第 m 个试验个体失败的值 X_m 被观察到时，立即将余下的 r_m 个个体全部移除。在整个过程中，被移除个体的数量 r_1，r_2，…，r_m 是事先被指定好的，$r_1 + r_2 + \cdots + r_m$ 是指被移除个体的总数，且满足等式 $r_1 + r_2 + \cdots + r_m = n - m$。逐步删失在寿命试验和可靠性分析中具有广泛的应用，详见文献（Xu and Yang，1995；Balakrishnan and Aggarwala，2000；Fernández，2004a，2005；Lee，Wu and Hong，2009；Abdel - Hamid and AL - Hussaini，2011；Bairamov and Parsi，2011）。

删失数据广泛应用于诸多领域，如统计学、经济学、医学研究及工程学等。在过去的几十年里，国内外学者对删失数据做了颇有成效的研究，并将有关删失数据的推断问题广泛应用于寿命分布，包括正态分布、指数分布、威布尔分布、极值分布、帕累托分布等。Schneider（1984）研究了在第Ⅱ类双删失下正态样本的简单高效估计问题；LaRiccia（1986b）研究了在第Ⅱ类删失样本下正态性的检验问题，利用三种扩展 LaRiccia（1986a）结果后得到的检验统计量进行模拟，结果显示，三种统计量依分布较快地逼近于卡方分布，且通过检验势的比较得出新检验统计量优于之前的检验法；Schneider 和 Weissfeld（1986）研究了第Ⅱ类删失样本下正态总体均值的推断问题，修正偏差后的标准化统计量考虑了标准差与均值之间的相关性，极大地改进了它的有限样本性质；Wu 和 Li（2003）研究了第Ⅰ类极值分布和威布尔分布在第Ⅱ类双删失样本和右删失样本下的精确置信区间和联合置信域，并提出一个最佳准则评判置信区间和置信域的优劣；Wu（2008）研究了帕累托分布在第Ⅱ类双删失样本下两个参数的联合置信域和位置参数的区间估计；Fernández（2008）探讨了在双删失样本下双参数指数模型和帕累托模型的可靠性问题，包括渐近正态性、可靠性点估计、置信限、最短长度的置信区间等；Sun，Zhou 和 Wang（2008）得到了双参数指数分布在第Ⅱ类双删失样本下尺度参数的一类改进后的区间估计，并证明所得估计在覆盖概率和长度两方面都优于最短长度仿射同变估计；在第Ⅱ类逐步删失样本下，Wu（2010）得到了双参数指数分布参数的两种联合置信域；Lemonte 和 Ferrari（2011）利用似然比统计量和梯度统计量研究了基于第Ⅱ类右删失样本的两参数 Birnbaum - Saunders 分布的检验推断问题，并运用蒙特卡罗模拟方法对两种检验方法的有限样本行为进行比较；Khan 等（2011）得到了三参数威布尔模型在给定的双删失样本下，当形状参数未知时，单个未来响应、二元未来响应和一组未来响应的预测密度。关于双参数指数分布在第Ⅱ类双删失和逐步删失样本下的最优置信域问题，尚未有文献报道。

1.2.3 记录值

设 $\{X_n, n=1, 2, \cdots\}$ 是来自连续随机样本的独立同分布序列，观察值 X_j 如果超过了它之前的所有观察值，即对每一个 $i<j$，满足 $X_j>X_i$，则称 X_j 为上记录值。设 $\{U(n), n\geqslant 1\}$ 表示记录次数的序列，若满足：$U(1)=1$；当 $n\geqslant 2$ 时，$U(n)=\min\{j: j>U(n-1)$，且 $X_j>X_{U(n-1)}\}$，则称序列 $X_{U(1)}$，$X_{U(2)}$，…，$X_{U(n)}$ 为上记录值统计量序列；当 $n\geqslant 2$ 时，若 $U(n)=\min\{j: j>U(n-1)$，且 $X_j<X_{U(n-1)}\}$，则称序列 $X_{U(1)}$，$X_{U(2)}$，…，$X_{U(n)}$ 为下记录值统计量序列。记录值的研究始于文献 Chandler（1952），在这篇文献中，Chandler 利用记录值理论为独立同分布随机变量序列中的连续极值建立模型。随后，Feller（1966）给出了一些关于赌博问题的记录值例子；Resnick（1973）讨论了记录值的渐近理论。由于记录值，如非寿险中连续最大的保险索赔、最高水位或最高温度，常被视为“异常值”，因此，人们通常对位于第二或第三的值感兴趣。基于此，Dziubdziela 和 Kopocinski（1976）给出第 k 个记录值的定义：记 $X_{1:n}\leqslant\cdots\leqslant X_{n:n}$ 为样本 X_1，X_2，…，X_n 的次序统计量，对给定的 $k\geqslant 1$，若满足：$U_k(1)=1$，$U_k(n+1)=\min\{j>U_k(n): X_{j:j+k-1}>X_{U_k(n):U_k(n)+k-1}\}$，$n>1$，则称 $U_k(n)$ 为序列 $\{X_n, n\geqslant 1\}$ 的第 k 个上记录值次数，称 $Y_n^{(k)}=X_{U_k(n):U_k(n)+k-1}$ 为第 k 个上记录值。当 $k=1$ 时，$Y_n^{(1)}$ 即为 Chandler（1952）定义的上记录值。

作为失效时间数据的表示，记录值和第 k 记录值常出现在日常生活的许多领域以及统计应用中，如工业压力测试、气象分析、体育、天气、股票市场、经济、寿命测试等。记录值的理论及其分布性质得到广泛的研究，Kuper 和 Sterken（2003）分析了速滑比赛世界纪录值的变化，并估计出在当前的最高水准技术下世界纪录值的下界值；Benestad（2003）分析了气候变暖事件的记录值，得出气候变暖每月全球平均气温高于预期值，这一结果与全球气候变暖相一致；Hsieh（2004）利用一种数据分析方法预测因自然灾害事件导致被保险财产损失的下一个记录值的严重程度；Krug 和

Jain（2005）探究了一些有关生物进化过程与记录值数学理论之间关联的问题；Bardlow 和 Park（2007）把网络拍卖中的报价序列当作破纪录事件，利用贝叶斯估计预测网络拍卖中观察到的报价和报价次数；Yang 和 Lee（2007）提出将记录值统计量和非齐次空间泊松过程作为发现空间模式的新的最近邻方法。关于记录值的矩的研究，参见文献 Ahsanullah（1995），Nevzorov（2001），Bieniek 和 Szynal（2002）。Raqab（2002）得到了三参数广义指数分布的记录值统计量的矩的精确表达式，并计算出形状参数的某些记录统计量的均值、方差和协方差。对于大多数常见的分布而言，上记录值或下记录值的矩有显示的公式。例如，指数函数分布，其上记录值的矩的表达式是已知的，但下记录值的期望是未知的。Bieniek 和 Szynal（2007）给出了第 k 个记录值的矩的新公式，该公式允许从指数分布中推导出第 k 个下记录值的矩的显式公式。对于具有相同连续分布的独立随机变量无穷序列，Goroncy 和 Rychlik（2011）利用不同阶的中心绝对矩建立了记录值期望值与总体均值偏差的最优下界；Kumar 和 Kulshrestha（2013）得到了广义帕累托分布的上记录值的矩的精确表达式，进一步给出了基于记录值单矩的条件关系和递推关系的分布特征；基于第 k 记录值，Wang 等（2020）利用枢轴量构造了广义逆指数分布参数的置信区间和精确置信域，并通过求解非线性规划问题得到最短的置信区间和最小面积的置信域。许多关于记录值的重要研究涉及了威布尔分布，相关的研究成果如 Asgharzadeh 和 Abdi（2011b）、Jafari 和 Zakerzadeh（2015）。然而，研究记录值下双参数指数分布和威布尔分布参数的最优置信域问题，鲜有文献涉及。因此，本书的第 4 章和第 5 章分别研究了双参数指数分布和威布尔分布在记录值下参数的最优置信域问题。

综上所述，关于不完全数据下指数分布族的置信域问题已有不少的研究，其中绝大部分是关于置信域的建立问题，对其最优性关注还比较少。此外，当参数发生变换时，置信域的最优性将很难保持，这些都是值得深入探索和研究的。因此，本书致力于研究不完全数据下一类指数分布族的统计推断问题。

1.3 主要内容

本书主要研究不完全数据（删失数据、记录值数据）下，一类指数分布族的参数估计问题，一共包括5章的内容，具体结构安排如下。

第1章“绪论”。本章主要包括研究背景及研究现状，对不完全数据（删失数据和记录值）和一类指数分布族的统计推断研究进行文献综述。此外，还包括本书研究的主要内容，进而总结出本书研究工作的创新之处。

第2章“伽马分布参数的有效估计”。本章主要研究伽马分布参数的有效估计问题。首先利用子集似然函数，通过单变量优化无需求导的算法，降低极大似然估计的计算难度。然后，构造伽马分布的形状参数极大似然估计的线性函数，建立一个线性回归模型，结合蒙特卡罗方法的模拟得到新的点估计；通过估计效率的定义，计算各种估计的偏差和估计效率。计算结果表明：在有限样本的情形下，相对于其他估计而言，新估计的估计效率最大，说明新的估计法比现有方法更高效、可行。

第3章“删失数据下双参数指数分布的最优置信域”。本章主要研究双参数指数分布在逐步删失数据和双删失数据下的最优置信域问题。首先，根据统计学中的充分性原则提出一种基于充分统计量的方法，得到给定置信水平下参数的最小面积置信域，并研究了当数据刻度发生变化时，最优置信域的不变性问题；其次，进一步地，将所提方法应用于第Ⅱ类逐步删失样本和第Ⅱ类双删失样本下的双参数指数分布，求解出两种样本下参数的最小面积置信域，并与经典置信域进行比较研究。研究结果表明：所得置信域是一致最优的置信域。

第4章“基于记录值双参数指数分布的最优置信域”。本章主要研究在记录值下双参数指数分布的最优置信域问题。利用基于充分统计量的方法求解出参数的最小面积置信域，并将经典置信域优化，通过比较各种置信域的面积和实例分析得出结论：无论置信水平、样本容量、样本值取何值，新的置信域是一致最优置信域。

第5章“基于记录值威布尔分布的最优置信域”。本章主要研究威布尔分布在记录值下的最优置信域问题。在满足一定的条件下，提出求解威布尔分布参数的最小面积置信域的新方法，证明置信域在数据刻度发生变化时的不变性性质，并通过估计效率与经典置信域进行比较研究。模拟计算和实例分析表明：新得到的置信域是最优置信域。

本书的研究工作能为参数估计和假设检验提供理论和方法支持，具有深刻的理论意义和广泛的应用价值。

1.4 主要创新点

本书的研究创新点主要体现在以下三个方面。

第一，本书第2章研究伽马分布参数的有效估计问题。伽马分布是统计学中一种重要的概率分布，其应用非常广泛。在第2章中我们通过一个简单的线性回归技巧，结合蒙特卡罗模拟方法，巧妙地得到参数的新估计，并证明了新的估计具有大样本性质；将新估计与文献中的其他估计作比较研究，得出结论：新的估计不仅渐近最优，而且具有较好的有限样本性质。新估计完美地修正了极大似然估计的偏差，本质上提高了估计的效率，从而使伽马分布的参数估计研究更加完整。

第二，本书第3章研究在删失数据下双参数指数分布的最优置信域问题。我们首先根据统计量的充分性原则，提出一种基于充分统计量的最优置信域方法；其次，将此方法应用于第Ⅱ类逐步删失数据和第Ⅱ类双删失数据下的双参数指数分布，得到参数（μ，σ）的最小面积置信域（MACR），并证明了MACR具有不变性性质；再次，将MACR与经典的置信域在估计效率方面进行比较研究，得出结论：无论置信水平、样本容量、样本数据取何值，参数（μ，σ）的MACR都具有最小面积，即MACR是一致最精确的置信域；最后，将该方法应用到两个实际例子的分析中，分析结果再次验证了所得结论。

第三，本书第4章和第5章研究的是基于记录值样本的最优置信域问题。针对双参数指数分布，第 4 章利用基于充分统计量的方法得到参数（μ，σ）的新置信域；同时，对经典的置信域进行优化，通过比较各种置信域的面积大小，得出结论：无论置信水平、样本容量、样本数据取何值，新的置信域都具有最小的面积。第 5 章是针对威布尔分布而言。由于第 3 章中所提的置信域方法不再适用于威布尔分布，因此，我们首先在定理 3.1 的基础上进一步扩展，得到一个新的定理，然后根据扩展后的定理，推导在记录值样本下威布尔分布的最小面积置信域，并研究了置信域的不变性这一重要性质。然后，通过蒙特卡罗方法将经典置信域和新置信域的期望面积进行比较，模拟结果和实例分析得出一致结论：无论置信水平、样本容量、样本数据取何值，新建立的置信域的期望面积是最小的，即它是一致最精确置信域，从而解决了基于记录值的威布尔分布的最优置信域问题。由于参数估计和假设检验具有对偶性，因此，研究结果将为假设检验提供理论和方法支持。

第2章

伽马分布参数的有效估计

作为统计学中一种重要的概率分布，伽马分布的应用非常广泛。例如，在排队理论中，伽马分布作为等待时间和服务时间所服从的分布；在环境计量学中，伽马分布用于降水量的环境监测；在可靠性分析中，伽马分布用来描述产品的寿命分布；在金融领域，伽马分布用来建模股票价格的波动；在医学领域中，伽马分布用来描述疾病的治愈时间；除此之外，伽马分布还作为共轭分布出现在许多机器学习的算法中，相关的研究成果详见参考文献（Bowman and Shenton，1988；Meeker and Escobar，1998；Wiens，1999；Krishnamoorthy，Mathew and Mukherjee，2008；Vaseghi，2008；Chen and Ye，2017；Jiao and Cheng，2023）。

在统计学领域中，伽马分布参数的点估计是一个基本的问题，至今仍是研究热点，统计学者在这方面做了大量的工作，具体见文献（Choi and Wette，1969；Shenton and Bownman，1972；Stacy，1973；Anderson and Ray，1975；Berman，1981；Hwang and Huang，2002；Zaigraev and Podraza - Karakulska，2008；Pradhan and Kundu，2011；Tanaka et al.，2015，et al.）。伽马分布形状参数的极大似然估计虽然具有相合性、渐近正态性和有效性，然而较大偏差导致它具有很低的估计效率。Zhang（2013b）提出一种改进的极大似然估计，这种估计旨在修正偏差，并没有直接提高估计的效率；Ye和Chen（2017）通过似然方程得到伽马分布参数的封闭式估计并修正了估计的偏差，然而没有讨论封闭式估计的渐近有效性。因此，伽马分布参数的估计效率问题有待于进一步的研究。基于此，本章的研究工作是对伽马分布参数提出一种新的估计方法，旨在提高估计的效率，同时也修正估计的偏差。

本章内容安排如下：2.1 节介绍已有的参数估计方法，分别是矩估计、极大似然估计、伪极大似然估计、修正的极大似然估计、近似贝叶斯估计和封闭式估计；2.2 节在极大似然估计的基础上提出一个新的估计方法；2.3 节通过数值模拟验证所提新估计在有限样本下具有更高的估计效率；2.4 节则对本章做一个总结。

2.1 主要方法

2.1.1 矩估计

设随机变量 X 服从伽马分布，简记为 $X \sim Gamma(\alpha, \beta)$，其概率密度函数为：

$$f(x;\alpha,\beta) = \frac{x^{\alpha-1}e^{-x/\beta}}{\beta^{\alpha}\Gamma(\alpha)}, x > 0 \tag{2.1}$$

其中，$\alpha>0$ 为形状参数，$\beta>0$ 为尺度参数。伽马分布包括指数分布和卡方分布，即当 $\alpha=1$ 时，$Gamma(1,\beta) = Exp(0,\beta)$，$Gamma(k/2,2) = \chi_k^2$。

记伽马分布 $Gamma(\alpha, \beta)$ 的 r 阶矩 $\mu_r' = \beta^r\Gamma(r+\alpha)/\Gamma(\alpha)$，其中 $r=1, 2, \cdots$，其均值和方差分别为 $E(X) = \alpha\beta$ 和 $Var(X) = \alpha\beta^2$。设 X_1，X_2，…，X_n 是来自总体 X 的一组样本，令 $\hat{\alpha}_{MOM}$、$\hat{\beta}_{MOM}$ 分别表示 α、β 的矩估计，根据：

$$\hat{\alpha}_{MOM}\hat{\beta}_{MOM} = \bar{X}, \hat{\alpha}_{MOM}\hat{\beta}_{MOM}^2 = s^2 \tag{2.2}$$

得到矩估计：

$$\hat{\alpha}_{MOM} = \frac{\bar{X}^2}{s^2}, \hat{\beta}_{MOM} = \frac{s^2}{\bar{X}} \tag{2.3}$$

其中 $\bar{X}$ 和 s^2 分别指样本均值和样本方差。矩估计虽然具有相合性，但是其估计效率一般较低，这一结论在 Zhang（2013b）的模拟结果中得以证实。为了提高矩估计的估计效率，Hwang 和 Huang（2002）证明了：当 $n \geqslant 3$ 时，$E(\bar{X}^2) = \alpha\beta^2(n\alpha + 1)/n$，$E(s^2) = \alpha\beta^2$，$E(s^2/\bar{X}^2) = n/(1 + n\alpha)$；当 $n \to \infty$ 时，$E(s^2/\bar{X}^2) \to 1/\alpha$，从而得出结论：$s^2/\bar{X}^2$ 为 $1/\alpha$ 的渐近无偏估计，$(\bar{X}^2/s^2) - (1/n)$ 为 α 的估计。根据 $E(X) = \alpha\beta$，Hwang 和 Huang（2002）得到改进后的矩估计为：

$$\hat{\alpha}^*_{MOM} = \frac{\bar{X}^2}{s^2} - \frac{1}{n},\ \hat{\beta}^*_{MOM} = \frac{\bar{X}}{\hat{\alpha}^*_{MOM}} \tag{2.4}$$

并通过模拟得出结论：对于小样本（$n \leqslant 25$）而言，改进后的矩估计 $\hat{\alpha}^*_{MOM}$、$\hat{\beta}^*_{MOM}$ 具有更高的估计效率。

2.1.2 极大似然估计

Gupta 和 Groll（1961）首次引证了 $Gamma(\alpha, \beta)$ 分布的似然方程，Greenwood 和 Durand（1960）以及 Wilk，Gnanadesikan 和 Huyett（1962）研究了似然方程的近似解。记 $\hat{\alpha}_{MLE}$ 和 $\hat{\beta}_{MLE}$ 分别为 α 和 β 的极大似然估计（maximum likelihood estimator），由对数似然函数：

$$l(\alpha, \beta) = (\alpha - 1)\sum_{i=1}^{n} \ln X_i - n\alpha\ln\beta - n\ln\Gamma(\alpha) - \frac{\sum_{i=1}^{n} X_i}{\beta} \tag{2.5}$$

可得：

$$R_n = \ln\hat{\alpha}_{MLE} - \psi(\hat{\alpha}_{MLE}),\ \hat{\beta}_{MLE} = \frac{\bar{X}}{\hat{\alpha}_{MLE}} \tag{2.6}$$

其中，$R_n = \ln(\bar{X}/\tilde{X})$，$\tilde{X} = \sqrt[n]{X_1X_2\cdots X_n}$ 为样本的几何均值，$\psi(\alpha) = [\ln\Gamma(\alpha)]'$ 是标准数理统计软件中常用的 ψ 函数，伽马函数 $\Gamma(x) = \int_0^{\infty} t^{x-1}e^{-t}dt$。

由于 $Gamma(\alpha, \beta)$ 分布属于两参数指数族分布，因此，(α, β) 的极大似然估计（$\hat{\alpha}_{MLE}$，$\hat{\beta}_{MLE}$）具有相合性、渐近正态性和有效性（Zhang，

2013a)。极大似然估计量的渐近协方差矩阵为（Johnson，Kotz and Balakrishnan，1994）:

$$n\mathrm{Var}\begin{pmatrix}\hat{\alpha}_{MLE}\\ \hat{\beta}_{MLE}\end{pmatrix} \sim \begin{pmatrix}\alpha[\alpha\psi'(\alpha)-1]^{-1} & -\beta[\alpha\psi'(\alpha)-1]^{-1}\\ -\beta[\alpha\psi'(\alpha)-1]^{-1} & \beta^2\psi'(\alpha)[\alpha\psi'(\alpha)-1]^{-1}\end{pmatrix},$$

其右边等于 n 乘以（α，β）估计量方差的 C－R 下界。然而，$\hat{\alpha}_{MLE}$ 和 $\hat{\beta}_{MLE}$ 的计算是不容易的，因此，我们考虑减小 $\hat{\alpha}_{MLE}$ 和 $\hat{\beta}_{MLE}$ 的计算难度，而且对小样本而言，$\hat{\alpha}_{MLE}$ 被公认为具有较大的偏差，参见相关文献（Bowman and Shenton，1988；Hwang and Huang，2002；Zhang，2013b)。

2.1.3 伪极大似然估计

为了得到 $Gamma(\alpha,\ \beta)$ 分布中参数 α 和 β 的点估计，Stacy（1973）定义了一种广义伽马分布，其概率密度函数为:

$$f(x;\alpha,\ \beta,p) = \frac{|p|\ x^{p\alpha-1}e^{-(x/\beta)^p}}{\beta^{p\alpha}\Gamma(\alpha)},x \geqslant 0 \tag{2.7}$$

当 $p=1$ 时，$f(x;\alpha,\ \beta,1)$ 即为式（2.1）所定义的 $Gamma(\alpha,\ \beta)$ 分布的密度函数。根据极大似然的思想，Stacy（1973）得到该广义伽马分布的似然方程的解为:

$$\beta = (\bar{X}_p/\alpha)^{1/p} \tag{2.8}$$

$$\psi(\alpha) - \ln\alpha = \frac{1}{n}\sum_{i=1}^{n}\ln Y_{ip} \tag{2.9}$$

$$\alpha = \left[\sum_{i=1}^{n}\left(Z_{ip}-\frac{1}{n}\right)\ln Z_{ip}\right]^{-1} \tag{2.10}$$

其中，$\bar{X}_p = \sum_{i=1}^{n}X_i^p/n, Y_{ip} = X_i^p/\bar{X}_p, Z_{ip} = Y_{ip}/n = X_i^p/\sum_{j=1}^{n}X_j^p$。

令 $p=1$，记 $\bar{X} = \bar{X}_1, Y_i = Y_{i1}, Z_i = Z_{i1}$，Stacy（1973）证明了 $\bar{X}$ 与 Z_i 是独立的。记 $\tilde{\delta} = \frac{n}{n-1}\sum_{i=1}^{n}\left(Z_i-\frac{1}{n}\right)\ln Z_i$，Stacy（1973）证明了 $\mathrm{E}(\tilde{\delta}) = 1/\alpha$，得到 $Gamma(\alpha,\ \beta)$ 分布中参数 α 的伪极大似然估计（quasimaximum likelihood estimator）为:

$$\hat{\alpha}_{QLE} = \left[\frac{1}{n-1}\sum_{i=1}^{n}\left(\frac{X_i}{\bar{X}}-1\right)\ln\left(\frac{X_i}{n\bar{X}}\right)\right]^{-1} \tag{2.11}$$

由（2.8）式得出β的伪极大似然估计为：

$$\hat{\beta}_{QLE} = \frac{\bar{X}}{\hat{\alpha}_{QLE}} \tag{2.12}$$

2.1.4 修正的极大似然估计

为了减小 $Gamma(\alpha, \beta)$ 分布中估计量 $\hat{\alpha}_{MLE}$ 的偏差，Anderson 和 Ray（1975）首次利用 $\hat{\alpha}_{MLE}$ 的线性组合 $a\hat{\alpha}_{MLE}+b$，其中 a 和 b 的取值不依赖于 α，其目的是降低 $a\hat{\alpha}_{MLE}+b$ 的估计偏差。由于 $\hat{\alpha}_{MLE}$ 的偏差表达式（Shenton and Bownman，1972）为：

$$\mathrm{B}(\hat{\alpha}_{MLE}) = \mathrm{E}(\hat{\alpha}_{MLE}-\alpha) = \frac{3\alpha}{n-3}\left(1-\frac{2}{9\alpha}+\frac{n-1}{27n\alpha^2}+\frac{7(n^2-1)}{162(n+3)n^2\alpha^3}+\cdots\right) \tag{2.13}$$

为了使 $a\hat{\alpha}_{MLE}+b$ 的估计偏差减小，这要求 $a\alpha+b+\frac{3a\alpha}{n-3}\left(1-\frac{2}{9\alpha}+\frac{n-1}{27n\alpha^2}+\cdots\right)$ 尽可能与 α 接近。Anderson 和 Ray（1975）得出：当 $a=1$，$b=0$ 时，$\mathrm{E}\left(\frac{n-3}{n}\hat{\alpha}_{MLE}+\frac{2}{3n}\right)\approx\alpha$，从而得到 $Gamma(\alpha, \beta)$ 分布中 α 的修正偏差后的估计为：

$$\tilde{\alpha}_{MLE} = \frac{n-3}{n}\hat{\alpha}_{MLE}+\frac{2}{3n} \tag{2.14}$$

利用类似的方法，Anderson 和 Ray（1975）得到 $Gamma(\alpha, \beta)$ 分布中β的修正偏差后的估计为：

$$\tilde{\beta}_{MLE} = \frac{\hat{\beta}_{MLE}}{g(\tilde{\alpha}_{MLE})} \tag{2.15}$$

其中 $g(x) = 1+\frac{3nx}{(n-3)(nx-1)}\left(1+\frac{1}{9x}-\frac{1}{nx}+\frac{n-1}{27nx^2}\right)$。

为了减小 $Gamma(\alpha,\ \beta)$ 分布中估计量 $\hat{\alpha}_{MLE}$ 的偏差，Zhang（2013b）提出一种修正的估计 $\hat{\alpha}_{ZMLE}^{*}=\frac{n}{n+4.6}\hat{\alpha}_{MLE}+\frac{0.54}{n+4.6}$，并通过模拟研究发现，$\hat{\alpha}_{ZMLE}^{*}$ 的估计偏差显著减小。Tanaka 等（2015）从决策理论的角度讨论了伽马分布形状参数的改进估计，研究了三种估计量的二阶性质，并得到了更好的二阶的优越估计量；在此基础上，Zaigraev 和 Kaniovska（2016）得到参数 α 的三种改进后的估计，分别是：

$$\hat{\alpha}_0^{*}=\hat{\alpha}_{MLE}-\frac{\pi_0(\hat{\alpha}_{MLE})}{n\int_{\hat{\alpha}_{MLE}}^{\infty}u\pi_0^3(u)\,\mathrm{d}u} \tag{2.16}$$

$$\hat{\alpha}_1^{*}=\hat{\alpha}_{MLE}+\frac{1}{n}\left(\frac{1}{2\hat{\alpha}_{MLE}g'(\hat{\alpha}_{MLE})}-\frac{g''(\hat{\alpha}_{MLE})}{2(g'(\hat{\alpha}_{MLE}))^2}-\frac{1}{2g'(\hat{\alpha}_{MLE})}\right) \tag{2.17}$$

$$\hat{\alpha}_2^{*}=\hat{\alpha}_{MLE}-\frac{1}{n}\left(\frac{1}{2\hat{\alpha}_{MLE}\pi_2^2(\hat{\alpha}_{MLE})}+\frac{\pi_2(\hat{\alpha}_{MLE})}{\int_{\hat{\alpha}_{MLE}}^{\infty}\pi_2^3(u)\,\mathrm{d}u}\right) \tag{2.18}$$

其中，函数 $g(\alpha)=\ln\alpha-\psi(\alpha)$，$\pi_0(\alpha)=(-g'(\alpha)/\alpha)^{1/2}$，$\pi_2(\alpha)=(-g'(\alpha))^{1/2}$，通过数值模拟得出结论：这三种估计量在 α 的不同取值范围内各具优势。

2.1.5 近似贝叶斯估计

为了得到伽马分布 $Gamma(\alpha,\ \beta)$ 中参数 α 和 β 的贝叶斯估计，Pradhan 和 Kundu（2011）假定参数 β^{-1} 的先验分布为 $Gamma(a,\ b^{-1})$，参数 α 的先验分布为 $Gamma(c,\ d^{-1})$，在平方损失函数下，利用 Lindley 的近似法展开得到参数的近似贝叶斯估计为：

$$\hat{\alpha}_{BAY}=\hat{\alpha}_{MLE}+\frac{\psi'(\hat{\alpha}_{MLE})\hat{\alpha}_{MLE}-2-\psi''(\hat{\alpha}_{MLE})\hat{\alpha}_{MLE}^2}{2n[\psi'(\hat{\alpha}_{MLE})\hat{\alpha}_{MLE}-1]^2}+\frac{a+c-2-d\hat{\alpha}_{MLE}-b/\hat{\beta}_{MLE}}{n[\psi'(\hat{\alpha}_{MLE})\hat{\alpha}_{MLE}-1]} \tag{2.19}$$

$$\hat{\beta}_{BAY} = \hat{\beta}_{MLE} + \frac{2\psi'(\hat{\alpha}_{MLE})^2\hat{\alpha}_{MLE} - 3\psi'(\hat{\alpha}_{MLE}) - \psi''(\hat{\alpha}_{MLE})\hat{\alpha}_{MLE}}{2n\hat{\beta}_{MLE}[\psi'(\hat{\alpha}_{MLE})\hat{\alpha}_{MLE} - 1]^2} + \frac{(c-1)/\hat{\alpha}_{MLE} - d + (a - 1 - b/\hat{\beta}_{MLE})\psi'(\hat{\alpha}_{MLE})}{n\hat{\beta}_{MLE}[\psi'(\hat{\alpha}_{MLE})\hat{\alpha}_{MLE} - 1]} \tag{2.20}$$

当先验信息不可获得时，先验分布视为无信息先验，此时 $a=b=c=d=0$。

2.1.6　封闭式估计

由于 $Gamma(\alpha, \beta)$ 分布的极大似然估计不具有封闭形式，这导致 $Gamma(\alpha, \beta)$ 分布在一些领域（如在实时信号处理方面）上的应用面临困难。为了克服这一缺陷，Ye 和 Chen（2017）利用 Stacy（1962）提出的广义伽马分布 $gg(\alpha, \beta, \gamma)$，得到 $Gamma(\alpha, \beta)$ 分布中 α 和 β 的封闭式估计的解析式。Stacy（1962）提出的广义伽马分布 $gg(\alpha, \beta, \gamma)$，其概率密度函数为：

$$f_{gg}(x) = \frac{\gamma x^{\alpha\gamma-1}e^{-(x/\beta)^{\gamma}}}{\beta^{\alpha\gamma}\Gamma(\alpha)} \tag{2.21}$$

其中 $\gamma>0$ 为幂参数。由概率密度函数可知，$gg(\alpha, \beta, \gamma)$ 分布包括伽马分布、威布尔分布和对数正态分布，且可通过伽马分布的幂转化得到，即如果 $Y \sim Gamma(\alpha, \beta)$，那么 $Y^{\gamma} \sim gg(\alpha, \beta, \gamma)$。

设 $X \sim Gamma(\alpha, \beta)$，$X_1$，$X_2$，…，$X_n$ 为来自总体 X 的一组独立同分布的样本，显然地，$X \sim gg(\alpha, \beta, \gamma)$，其中 $\gamma=1$。Ye 和 Chen（2017）假定 $X \sim Gamma(\alpha, \beta, \gamma)$，在参数 γ 未知的情况下，令 $gg(\alpha, \beta, \gamma)$ 分布的三个似然方程中的两个方程等于零，即：

$$-\alpha + \frac{1}{n}\sum_{i=1}^{n}\left(\frac{X_i}{\beta}\right)^{\gamma} = 0 \tag{2.22}$$

$$\frac{1}{\gamma} + \frac{\alpha}{n}\sum_{i=1}^{n}\ln\left(\frac{X_i}{\beta}\right) - \frac{1}{n}\sum_{i=1}^{n}\left(\frac{X_i}{\beta}\right)^{\gamma}\ln\left(\frac{X_i}{\beta}\right) = 0 \tag{2.23}$$

将 $\gamma=1$ 分别代入式（2.23）和式（2.24）得到 $Gamma(\alpha, \beta)$ 分布参数 α 和 β 的封闭式估计分别为：

$$\hat{\alpha}_{YC} = \frac{n\sum_{i=1}^{n} X_i}{n\sum_{i=1}^{n} X_i \ln X_i - \sum_{i=1}^{n} \ln X_i \sum_{i=1}^{n} X_i} \tag{2.24}$$

$$\hat{\beta}_{YC} = \frac{n\sum_{i=1}^{n} X_i \ln X_i - \sum_{i=1}^{n} \ln X_i \sum_{i=1}^{n} X_i}{n^2} \tag{2.25}$$

同时，Ye 和 Chen（2017）证明了估计量 $\hat{\alpha}_{YC}$和$\hat{\beta}_{YC}$具有强相合性和渐近正态性，并进一步得到 α 和 β 的偏差修正后的估计：

$$\hat{\alpha}_{YC}^{*} = \frac{n-1}{n+2}\hat{\alpha}_{YC} = \frac{n(n-1)\sum_{i=1}^{n} X_i}{(n+2)\left[n\sum_{i=1}^{n} X_i \ln X_i - \sum_{i=1}^{n} \ln X_i \sum_{i=1}^{n} X_i\right]} \tag{2.26}$$

$$\hat{\beta}_{YC}^{*} = \frac{n}{n-1}\hat{\beta}_{YC} = \frac{1}{n(n-1)}\left[n\sum_{i=1}^{n} X_i \ln X_i - \sum_{i=1}^{n} \ln X_i \sum_{i=1}^{n} X_i\right] \tag{2.27}$$

Ye 和 Chen（2017）没有讨论封闭式估计的有效性问题。因此，在 2.3 节中我们研究 $Gamma(\alpha, \beta)$ 分布中参数 α 和 β 的有效估计问题。

2.2 新的估计法

对于伽马分布 $Gamma(\alpha, \beta)$，根据式（2.5）中的对数似然函数可知（$\sum_{i=1}^{n} \ln X_i$，$\sum_{i=1}^{n} X_i$）是（α，β）的完全充分统计量，又根据式（2.6）得到的估计量（$\hat{\alpha}_{MLE}$，$\hat{\beta}_{MLE}$）与（$\sum_{i=1}^{n} \ln X_i$，$\sum_{i=1}^{n} X_i$）等价，从而得到（$\hat{\alpha}_{MLE}$，$\hat{\beta}_{MLE}$）也是（α，β）的完全充分统计量。

由于直接根据对数似然方程（2.6）难于计算 $\hat{\alpha}_{MLE}$和$\hat{\beta}_{MLE}$，因此，我们设法通过$\hat{\beta}_{MLE} = \bar{X}/\hat{\alpha}_{MLE}$和式（2.5）中的对数似然函数 $l(\alpha, \beta)$ 去简化计算，使其不包含复杂的 ψ 函数。事实上，$\hat{\alpha}_{MLE}$是子集似然函数 $l(\alpha, \bar{X}/\alpha)$ 的最大值点；通过 Brent（1973）的单变量优化无须求导的算法，$\hat{\alpha}_{MLE}$的计算变得简单，这种算法在常用的统计软件 R 软件（R Core Team，2014）中

可以实现。由于，在 R 软件中，Brent 算法的内置函数是 *optimize*(*f*, *lower*, *upper*)，其中 *f* 是被优化的函数，*lower*/*upper* 指所搜寻区间的上下端点，一般取为（0.01，30）。因此，$\hat{\alpha}_{MLE}$和$\hat{\beta}_{MLE}$的计算问题得以解决。

下面我们将从提高估计量的有效性出发，利用回归的思想得到参数 α 和 β 的新估计。由于 Zhang（2013b）已证实：$\hat{\beta}_{MLE}$是几乎无偏和有效的，因此，下面只考虑对参数 α 的估计 $\hat{\alpha}_{MLE}$进行改进，使其估计效率提高或者等价地使均方误差（MSE）减小。

首先，利用 $\hat{\alpha}_{MLE}$的线性函数估计形状参数 α，令：

$$\hat{\alpha}_{MLE}^{*} = a_n\hat{\alpha}_{MLE} + b_n \tag{2.28}$$

其中 a_n 和 b_n 是常系数。于是，$\hat{\alpha}_{MLE}^{*}$的均方误差为：

$$E(\hat{\alpha}_{MLE}^{*} - \alpha)^2 = a_n^2E(\hat{\alpha}_{MLE}^2) + 2a_n(b_n - \alpha)E(\hat{\alpha}_{MLE}) + (b_n - \alpha)^2 \tag{2.29}$$

在式（2.29）中，任意给定 b_n 的值，当：

$$a_n = a_n^* = (\alpha - b_n)\frac{E(\hat{\alpha}_{MLE})}{E(\hat{\alpha}_{MLE}^2)} \tag{2.30}$$

时，$\hat{\alpha}_{MLE}^{*}$的均方误差取得最小值。因此，当 $b_n = a/n + b/n^2$ 时，a_n^* 可通过 $a_n^* \approx 1 + c/n + d/n^2$ 拟合。于是，将 b_n 和 a_n^* 的表达式代入式（2.30），化简得到：

$$\frac{\alpha E(\hat{\alpha}_{MLE})}{E(\hat{\alpha}_{MLE}^2)} - 1 \approx \frac{E(\hat{\alpha}_{MLE})}{E(\hat{\alpha}_{MLE}^2)}\left(\frac{a}{n} + \frac{b}{n^2}\right) + \frac{c}{n} + \frac{d}{n^2} \tag{2.31}$$

接下来，将式（2.31）的左边部分作为被解释变量 y，将 $E(\hat{\alpha}_{MLE})/E(\hat{\alpha}_{MLE}^2)$ 作为解释变量 x，建立线性回归模型：

$$y = \left(\frac{a}{n} + \frac{b}{n^2}\right)x + \frac{c}{n} + \frac{d}{n^2} + \varepsilon \tag{2.32}$$

其中 a、b、c、d 为待定系数，ε 为随机误差且服从正态分布 $N(0, \sigma^2)$。

由于 $E(\hat{\alpha}_{MLE})/E(\hat{\alpha}_{MLE}^2)$ 的取值是未知的，因此，利用蒙特卡罗模拟方法计算 $E(\hat{\alpha}_{MLE})/E(\hat{\alpha}_{MLE}^2)$ 的值，具体步骤如下：

步骤 1：由于 β 为尺度参数，不失一般性，取 $\beta = 1$；又由于 $\alpha < 0.2$ 的情况在实践中很少出现；当 $\alpha > 30$ 时，伽马分布接近于正态分布，于是，α

的值分别取为：0.2，0.4，0.7，1，2，4，7，13，20，30。

步骤2：取 $n=5$，10，20，40，70，100，150，200，300，500，对于 α 和 n 的不同组合，分别生成一个容量为 n、服从 $Gamma(\alpha,\ 1)$ 分布的样本。

步骤3：对每一个容量为 n 的样本，根据样本值计算 $\hat{\alpha}_{MLE}$ 和 $\hat{\alpha}_{MLE}^2$ 的值。

步骤4：重复步骤2和步骤3共100000次，将100000个 $\hat{\alpha}_{MLE}$ 的平均值作为 $E(\hat{\alpha}_{MLE})$ 的模拟值，将100000个 $\hat{\alpha}_{MLE}^2$ 的平均值作为 $E(\hat{\alpha}_{MLE}^2)$ 的模拟值，表2.1显示了 $E(\hat{\alpha}_{MLE})/E(\hat{\alpha}_{MLE}^2)$ 的模拟计算结果。

表2.1　$E(\hat{\alpha}_{MLE})/E(\hat{\alpha}_{MLE}^2)$ 的模拟计算结果

n	$\alpha=0.2$	$\alpha=0.4$	$\alpha=0.7$	$\alpha=1$	$\alpha=2$	$\alpha=4$	$\alpha=7$	$\alpha=13$	$\alpha=20$	$\alpha=30$
5	2.160	0.995	0.538	0.369	0.178	0.087	0.049	0.026	0.017	0.011
10	3.360	1.590	0.860	0.588	0.281	0.137	0.078	0.042	0.027	0.018
20	4.220	2.050	1.150	0.790	0.387	0.190	0.109	0.058	0.038	0.025
40	4.610	2.280	1.290	0.898	0.444	0.221	0.126	0.067	0.044	0.029
70	4.780	2.380	1.350	0.942	0.468	0.233	0.133	0.072	0.047	0.031
100	4.850	2.410	1.370	0.959	0.478	0.238	0.136	0.073	0.048	0.032
150	4.900	2.440	1.390	0.973	0.485	0.242	0.138	0.074	0.048	0.032
200	4.920	2.460	1.400	0.980	0.489	0.244	0.140	0.075	0.049	0.033
300	4.950	2.470	1.410	0.987	0.493	0.246	0.141	0.076	0.049	0.033
500	4.970	2.480	1.420	0.992	0.496	0.248	0.142	0.076	0.050	0.033

进一步，利用最小二乘估计法得到回归模型的参数估计为：$\hat{a}=0.576$，$\hat{b}=-1.83$，$\hat{c}=-5.5$，$\hat{d}=11.1$，多重相关系数 $R^2=0.9988$，这说明 y 与 x 之间存在显著的线性相关关系，这一结果与图2.1显示的回归模型拟合效果图是一致的，从而建立线性回归模型：

$$y=\left(\frac{0.576}{n}-\frac{1.83}{n^2}\right)x-\frac{5.5}{n}+\frac{11.1}{n^2}+\varepsilon \tag{2.33}$$

其中随机误差 $\varepsilon\sim N(0,\ \sigma^2)$。于是，式（2.28）中线性函数的系数为

$a_n = 1 - \frac{5.5}{n} + \frac{11.1}{n^2}$，$b_n = \frac{0.576}{n} - \frac{1.83}{n^2}$，进一步得到 $Gamma(\alpha, \beta)$ 分布中参数 α 和 β 的新的估计量为：

$$\hat{\alpha}^*_{MLE} = \left(1 - \frac{5.5}{n} + \frac{11.1}{n^2}\right)\hat{\alpha}_{MLE} + \frac{0.576}{n} - \frac{1.83}{n^2} \tag{2.34}$$

$$\hat{\beta}^*_{MLE} = \hat{\beta}_{MLE} \tag{2.35}$$

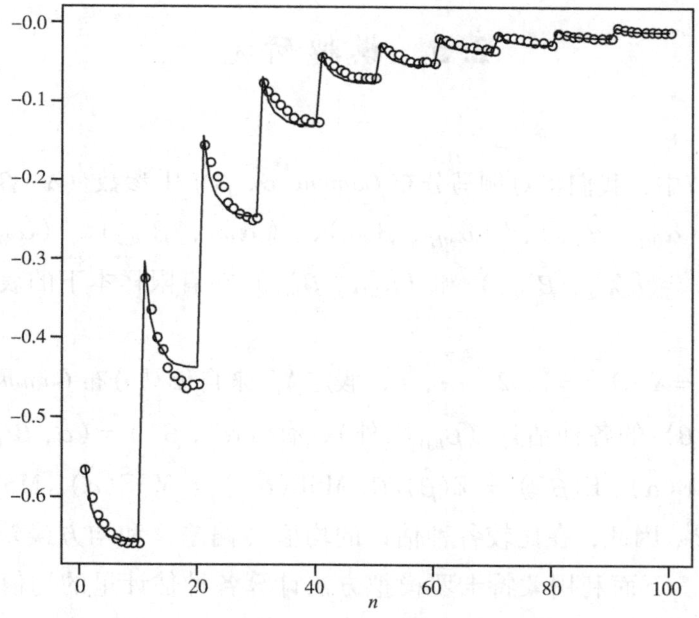

图 2.1　线性回归模型的拟合图，纵轴指回归模型（2.31）的左边部分

下面讨论新估计量的大样本性质。

【定理 2.1】 $Gamma(\alpha, \beta)$ 分布中参数 α 的新估计 $\hat{\alpha}^*_{MLE}$ 具有相合性、渐近正态性和渐近有效性。

证明： 由于 $\hat{\alpha}^*_{MLE} = \left(1 - \frac{5.5}{n} + \frac{11.1}{n^2}\right)\hat{\alpha}_{MLE} + \frac{0.576}{n} - \frac{1.83}{n^2}$，

那么 $\sqrt{n}(\hat{\alpha}^*_{MLE} - \alpha) = \sqrt{n}(\hat{\alpha}_{MLE} - \alpha) + \varepsilon_n$，其中 $\varepsilon_n = \left(\frac{11.1}{n\sqrt{n}} - \frac{5.5}{\sqrt{n}}\right)\hat{\alpha}_{MLE} + \frac{0.576}{\sqrt{n}} - \frac{1.83}{n\sqrt{n}}$。

又因为当 $n \to \infty$ 时，$\hat{\alpha}_{MLE} \to \alpha$（依概率逼近），$\varepsilon_n \to 0$（依概率逼近），所以根据 Slutsky 定理可知：$\hat{\alpha}^*_{MLE}$ 和 $\hat{\alpha}_{MLE}$ 的渐近分布是一致的。Knight（2000）已证明伽马分布参数 α 的估计 $\hat{\alpha}_{MLE}$ 是相合的、渐近正态和渐近有效的，故新的估计量 $\hat{\alpha}^*_{MLE}$ 也具有相合性、渐近正态性和渐近有效性，这一性质与估计量 $\hat{\alpha}^*_{ZMLE}$ 是一致的。由此，定理 2.1 得证。

2.3 模拟研究

在本节中，我们将对伽马分布 $Gamma(\alpha, \beta)$ 中参数（α, β）的各种估计量：（$\hat{\alpha}_{QLE}$, $\hat{\beta}_{QLE}$）、（$\hat{\alpha}_{MLE}$, $\hat{\beta}_{MLE}$）、（$\tilde{\alpha}_{MLE}$, $\tilde{\beta}_{MLE}$）、（$\hat{\alpha}_{BAY}$, $\hat{\beta}_{BAY}$）、（$\hat{\alpha}^*_{YC}$, $\hat{\beta}^*_{YC}$）、（$\hat{\alpha}^*_{ZMLE}$, $\hat{\beta}^*_{ZMLE}$）和（$\hat{\alpha}^*_{MLE}$, $\hat{\beta}^*_{MLE}$）在有限样本下的表现进行比较研究。

记 $X_i^* = X_i/\beta$, $i = 1, 2, \cdots, n$，假定 X_i^* 来自伽马分布 $Gamma(\alpha, 1)$，则对（α, β）的各种估计（$\hat{\beta}_{BAY}$ 除外），有 $(\hat{\alpha}^*, \hat{\beta}^*) = (\hat{\alpha}, \hat{\beta}/\beta)$，满足 $E(\hat{\alpha}^*) = E(\hat{\alpha})$, $E(\hat{\beta}^*) = E(\hat{\beta})/\beta$, $MSE(\hat{\alpha}^*) = MSE(\hat{\alpha})$, $MSE(\hat{\beta}^*) = MSE(\hat{\beta})/\beta^2$。因此，在比较各种估计的均值（偏差）和均方误差时，只需假定 $\beta = 1$。下面利用蒙特卡罗模拟方法计算各种估计量的均值和均方误差，具体做法如下：

第一步，给定 α 取值为 0.1，0.3，0.5，0.7，1，3，5，7，10，15，n 取值为 10，20，50，100，200，500 的每一个组合，进行 100000 次独立的蒙特卡罗取样，样本来自容量为 n 的伽马分布 $Gamma(\alpha, 1)$；

第二步，对每一个容量为 n 的蒙特卡罗样本，计算 $\hat{\alpha}$ 和 $\hat{\beta}$ 的值，然后取 100000 个 $\hat{\alpha}$、$\hat{\beta}$ 的算术平均值分别作为 $E(\hat{\alpha})$、$E(\hat{\beta})$ 的近似值；

第三步，对每一个容量为 n 的蒙特卡罗样本，分别计算 $(\hat{\alpha} - \alpha)^2$ 和 $(\hat{\beta} - 1)^2$ 的值，再取 100000 个 $(\hat{\alpha} - \alpha)^2$、$(\hat{\beta} - 1)^2$ 的算术平均值分别作为 $MSE(\hat{\alpha})$、$MSE(\hat{\beta})$ 的近似值。

进一步，定义估计量 $\hat{\alpha}$ 和 $\hat{\beta}$ 的估计效率分别为：

$$\mathrm{Eff}(\hat{\alpha}) = \frac{\alpha}{n[\alpha\psi'(\alpha) - 1]\mathrm{MSE}(\hat{\alpha})} \tag{2.36}$$

$$\mathrm{Eff}(\hat{\beta}) = \frac{\beta^2\psi'(\alpha)}{n[\alpha\psi'(\alpha) - 1]\mathrm{MSE}(\hat{\beta})} \tag{2.37}$$

利用 α 的给定值、$\mathrm{MSE}(\hat{\alpha})$ 和 $\mathrm{MSE}(\hat{\beta})$ 的模拟计算值，即可计算出各种估计量的偏差和估计效率，表 2.2 至表 2.3 显示了偏差和估计效率的计算结果。

根据表 2.2 中的计算结果，在估计的偏差方面，可得出结论：

（1）估计量 $\hat{\alpha}_{MOM}$、$\hat{\alpha}_{QLE}$、$\hat{\alpha}_{MLE}$ 和 $\hat{\alpha}_{BAY}$ 具有较大的正偏差，尤其是在小样本的情形下；估计量 $\tilde{\alpha}_{MLE}$ 和 $\hat{\alpha}^*_{YC}$ 几乎是无偏的，$\hat{\alpha}^*_{MLE}$ 和 $\hat{\alpha}^*_{ZMLE}$ 大多具有负的偏差，新估计量 $\hat{\alpha}^*_{MLE}$ 能较好地修正偏差。

（2）对于 β 的估计而言，除了估计量 $\tilde{\beta}_{MLE}$ 和 $\hat{\beta}_{BAY}$ 具有较小的负偏差外，其余的估计量几乎都是无偏的。

根据表 2.3 中的计算结果，在估计效率方面，得到的结论如下：

（1）对于参数 α 的估计而言，当 $\alpha < 3$ 时，估计量 $\hat{\alpha}_{MOM}$ 的估计效率非常低；$\hat{\alpha}_{QLE}$、$\hat{\alpha}_{MLE}$、$\hat{\alpha}_{BAY}$ 和 $\hat{\alpha}^*_{YC}$ 的估计效率是合理的；除 $\alpha \approx 0$ 外，修正后的极大似然估计 $\tilde{\alpha}_{MLE}$ 比 $\hat{\alpha}_{MLE}$ 更有效；当 $\alpha \approx 0$ 时，新估计 $\hat{\alpha}^*_{MLE}$ 是有效的；无论 α 取何值，$\hat{\alpha}^*_{MLE}$ 的估计效率在所有估计中最大，即 $\hat{\alpha}^*_{MLE}$ 最高效。因此，$\hat{\alpha}^*_{MLE}$ 本质上改进了 $\hat{\alpha}_{MLE}$ 的估计效率，明显优于其他的估计。

（2）对于 β 的估计，估计量 $\hat{\beta}_{MLE}$ 和 $\hat{\beta}^*_{MLE}$ 是有效估计；$\hat{\beta}_{QLE}$、$\hat{\beta}^*_{YC}$ 和 $\tilde{\beta}_{MLE}$ 几乎有效；对小样本而言，$\hat{\beta}_{MOM}$ 的估计效率高；在大样本情形下，尤其当 $\alpha < 1$ 时，$\hat{\beta}_{MOM}$ 的估计效率很低。

利用类似的方法计算五种估计量：$\hat{\alpha}^*_{ZMLE}$、$\hat{\alpha}^*_0$、$\hat{\alpha}^*_1$、$\hat{\alpha}^*_2$ 和 $\hat{\alpha}^*_{MLE}$ 的估计效率。由表 2.4 中的结果可知，当 α 的取值较小时，即 $\alpha \in [0.1, 0.4]$，估计量 $\hat{\alpha}^*_{MLE}$ 是高效的；随着样本量 n 的逐渐增加，当 $\alpha \in [0.5, 50]$ 时，$\hat{\alpha}^*_{MLE}$ 与其他估计的效率是几乎一致。

表 2.2 估计量的偏差计算结果(取 $\beta=1$)

α	n	$\hat{\alpha}_{QLE}$	$\hat{\alpha}_{MLE}$	$\tilde{\alpha}_{MLE}$	$\hat{\alpha}_{BAY}$	$\hat{\alpha}^*_{YC}$	$\hat{\alpha}^*_{ZMLE}$	$\hat{\alpha}^*_{MLE}$	$\hat{\beta}_{QLE}$	$\hat{\beta}_{MLE}$	$\tilde{\beta}_{MLE}$	$\hat{\beta}_{BAY}$	$\hat{\beta}^*_{YC}$	$\hat{\beta}^*_{ZMLE}$	$\hat{\beta}^*_{MLE}$
0.1	10	0.014	0.022	0.052	0.016	−0.005	0.021	0.008	0.004	−0.064	−0.825	−0.751	0.004	−0.064	−0.064
	20	0.006	0.009	0.026	0.007	−0.004	0.011	0.007	−0.002	−0.034	−0.568	−0.089	−0.002	−0.034	−0.034
	50	0.002	0.004	0.011	0.003	−0.002	0.005	0.003	−0.001	−0.013	−0.294	−0.026	−0.001	−0.013	−0.013
	100	0.001	0.002	0.005	0.001	−0.001	0.002	0.002	0.001	−0.005	−0.162	−0.011	0.001	−0.005	−0.005
	200	0.001	0.001	0.003	0.001	0.000	0.001	0.001	−0.001	−0.003	−0.086	−0.006	−0.001	−0.003	−0.003
	500	0.000	0.000	0.001	0.000	0.000	0.001	0.000	−0.001	−0.002	−0.036	−0.003	−0.001	−0.002	−0.002
0.3	10	0.052	0.080	0.033	0.059	−0.007	−0.003	−0.047	−0.002	−0.079	−0.545	−0.183	−0.002	−0.079	−0.079
	20	0.023	0.034	0.017	0.025	−0.007	−0.006	−0.024	0.001	−0.036	−0.290	−0.072	0.001	−0.036	−0.036
	50	0.008	0.012	0.007	0.009	−0.004	−0.004	−0.010	−0.001	−0.016	−0.121	−0.028	−0.001	−0.016	−0.016
	100	0.004	0.006	0.004	0.004	−0.002	−0.002	−0.005	−0.001	−0.008	−0.061	−0.014	−0.001	−0.008	−0.008
	200	0.002	0.003	0.002	0.002	−0.001	−0.001	−0.002	0.000	−0.003	−0.030	−0.006	0.000	−0.003	−0.003
	500	0.001	0.001	0.001	0.001	0.000	0.000	−0.001	0.000	−0.002	−0.013	−0.003	0.000	−0.002	−0.002
0.5	10	0.097	0.151	0.022	0.111	−0.002	−0.017	−0.096	0.000	−0.083	−0.465	−0.181	0.000	−0.083	−0.083
	20	0.041	0.063	0.012	0.047	−0.008	−0.020	−0.052	0.001	−0.040	−0.239	−0.076	0.001	−0.040	−0.040
	50	0.015	0.023	0.005	0.017	−0.004	−0.011	−0.021	0.000	−0.016	−0.097	−0.028	0.000	−0.016	−0.016
	100	0.007	0.011	0.002	0.008	−0.003	−0.006	−0.011	0.000	−0.008	−0.049	−0.014	0.000	−0.008	−0.008
	200	0.004	0.005	0.001	0.004	−0.001	−0.003	−0.006	0.000	−0.004	−0.024	−0.007	0.000	−0.004	−0.004
	500	0.002	0.002	0.000	0.002	0.000	−0.001	−0.002	0.000	−0.002	−0.010	−0.003	0.000	−0.002	−0.002
0.7	10	0.145	0.224	0.013	0.164	0.004	−0.030	−0.142	0.004	−0.084	−0.430	−0.184	0.004	−0.084	−0.084
	20	0.063	0.096	0.010	0.071	−0.006	−0.031	−0.077	−0.001	−0.045	−0.224	−0.082	−0.001	−0.045	−0.045
	50	0.022	0.034	0.003	0.025	−0.006	−0.018	−0.033	0.002	−0.016	−0.089	−0.029	0.002	−0.016	−0.016
	100	0.011	0.017	0.002	0.012	−0.003	−0.010	−0.016	0.000	−0.009	−0.046	−0.015	0.000	−0.009	−0.009
	200	0.006	0.008	0.001	0.006	−0.001	−0.005	−0.008	0.000	−0.005	−0.023	−0.008	0.000	−0.005	−0.005
	500	0.002	0.003	0.001	0.003	0.000	−0.002	−0.003	0.000	−0.002	−0.009	−0.003	0.000	−0.002	−0.002

续表

α	n	$\hat{\alpha}_{QLE}$	$\hat{\alpha}_{MLE}$	$\tilde{\alpha}_{MLE}$	$\hat{\alpha}_{BAY}$	$\hat{\alpha}^*_{YC}$	$\hat{\alpha}^*_{ZMLE}$	$\hat{\alpha}^*_{MLE}$	$\hat{\beta}_{QLE}$	$\hat{\beta}_{MLE}$	$\tilde{\beta}_{MLE}$	$\hat{\beta}_{BAY}$	$\hat{\beta}^*_{YC}$	$\hat{\beta}^*_{ZMLE}$	$\hat{\beta}^*_{MLE}$
1	10	0. 225	0. 347	0. 009	0. 251	0. 021	-0. 041	-0. 205	0. 002	-0. 091	-0. 409	-0. 197	0. 002	-0. 091	-0. 091
	20	0. 095	0. 144	0. 006	0. 106	-0. 005	-0. 048	-0. 114	0. 000	-0. 046	-0. 211	-0. 086	0. 000	-0. 046	-0. 046
	50	0. 034	0. 052	0. 002	0. 038	-0. 005	-0. 027	-0. 048	0. 000	-0. 018	-0. 086	-0. 032	0. 000	-0. 018	-0. 018
	100	0. 017	0. 026	0. 002	0. 019	-0. 003	-0. 014	-0. 024	0. 000	-0. 010	-0. 044	-0. 016	0. 000	-0. 010	-0. 010
	200	0. 008	0. 013	0. 001	0. 009	-0. 002	-0. 008	-0. 012	0. 000	-0. 005	-0. 022	-0. 008	0. 000	-0. 005	-0. 005
	500	0. 003	0. 005	0. 000	0. 004	-0. 001	-0. 003	-0. 005	0. 000	-0. 001	-0. 008	-0. 003	0. 000	-0. 001	-0. 001
3	10	0. 773	1. 175	-0. 011	0. 841	0. 144	-0. 103	-0. 619	0. 001	-0. 098	-0. 381	-0. 223	0. 001	-0. 098	-0. 098
	20	0. 323	0. 491	0. 000	0. 344	0. 021	-0. 140	-0. 348	0. 000	-0. 049	-0. 198	-0. 099	0. 000	-0. 049	-0. 049
	50	0. 116	0. 177	0. 000	0. 124	-0. 003	-0. 081	-0. 148	0. 001	-0. 019	-0. 080	-0. 037	0. 001	-0. 019	-0. 019
	100	0. 057	0. 086	0. 000	0. 061	-0. 003	-0. 044	-0. 075	0. 000	-0. 010	-0. 041	-0. 019	0. 000	-0. 010	-0. 010
	200	0. 027	0. 041	-0. 001	0. 029	-0. 003	-0. 025	-0. 039	0. 000	-0. 005	-0. 020	-0. 009	0. 000	-0. 005	-0. 005
	500	0. 010	0. 016	-0. 001	0. 011	-0. 002	-0. 011	-0. 016	0. 000	-0. 002	-0. 008	-0. 003	0. 000	-0. 002	-0. 002
5	10	1. 340	2. 024	-0. 017	1. 382	0. 283	-0. 152	-1. 020	0. 002	-0. 098	-0. 376	-0. 229	0. 002	-0. 098	-0. 098
	20	0. 575	0. 861	0. 015	0. 598	0. 068	-0. 213	-0. 564	-0. 003	-0. 052	-0. 198	-0. 105	-0. 003	-0. 052	-0. 052
	50	0. 201	0. 304	-0. 001	0. 210	0. 001	-0. 133	-0. 245	0. 000	-0. 020	-0. 080	-0. 039	0. 000	-0. 020	-0. 020
	100	0. 097	0. 146	-0. 002	0. 101	-0. 003	-0. 075	-0. 126	0. 001	-0. 009	-0. 040	-0. 018	0. 001	-0. 009	-0. 009
	200	0. 050	0. 075	0. 002	0. 052	0. 000	-0. 037	-0. 061	0. 000	-0. 005	-0. 021	-0. 010	0. 000	-0. 005	-0. 005
	500	0. 020	0. 030	0. 001	0. 021	0. 000	-0. 015	-0. 024	0. 000	-0. 002	-0. 008	-0. 004	0. 000	-0. 002	-0. 002

续表

α	n	$\hat{\alpha}_{QLE}$	$\hat{\alpha}_{MLE}$	$\tilde{\alpha}_{MLE}$	$\hat{\alpha}_{BAY}$	$\hat{\alpha}^*_{YC}$	$\hat{\alpha}^*_{ZMLE}$	$\hat{\alpha}^*_{MLE}$	$\hat{\beta}_{QLE}$	$\hat{\beta}_{MLE}$	$\tilde{\beta}_{MLE}$	$\hat{\beta}_{BAY}$	$\hat{\beta}^*_{YC}$	$\hat{\beta}^*_{ZMLE}$	$\hat{\beta}^*_{MLE}$
7	10	1. 933	2. 902	-0. 002	1. 974	0. 444	-0. 181	-1. 406	-0. 002	-0. 101	-0. 376	-0. 236	-0. 002	-0. 101	-0. 101
	20	0. 792	1. 195	-0. 001	0. 817	0. 083	-0. 315	-0. 807	0. 000	-0. 050	-0. 195	-0. 104	0. 000	-0. 050	-0. 050
	50	0. 283	0. 428	-0. 004	0. 292	0. 003	-0. 188	-0. 345	0. 000	-0. 020	-0. 079	-0. 039	0. 000	-0. 020	-0. 020
	100	0. 142	0. 212	0. 002	0. 146	0. 002	-0. 100	-0. 171	0. 000	-0. 010	-0. 040	-0. 020	0. 000	-0. 010	-0. 010
	200	0. 065	0. 100	-0. 003	0. 068	-0. 005	-0. 057	-0. 091	0. 001	-0. 004	-0. 020	-0. 009	0. 001	-0. 004	-0. 004
	500	0. 024	0. 038	-0. 003	0. 025	-0. 004	-0. 026	-0. 038	0. 001	-0. 002	-0. 008	-0. 003	0. 001	-0. 002	-0. 002
10	10	2. 772	4. 151	-0. 028	2. 800	0. 644	-0. 270	-2. 022	0. 002	-0. 098	-0. 372	-0. 234	0. 002	-0. 098	-0. 098
	20	1. 164	1. 744	0. 016	1. 189	0. 149	-0. 430	-1. 135	-0. 001	-0. 051	-0. 195	-0. 107	-0. 001	-0. 051	-0. 051
	50	0. 415	0. 625	0. 000	0. 425	0. 015	-0. 261	-0. 486	0. 000	-0. 020	-0. 080	-0. 040	0. 000	-0. 020	-0. 020
	100	0. 200	0. 302	0. 000	0. 205	0. 000	-0. 146	-0. 248	0. 000	-0. 010	-0. 040	-0. 020	0. 000	-0. 010	-0. 010
	200	0. 098	0. 148	-0. 001	0. 101	-0. 002	-0. 077	-0. 125	0. 000	-0. 005	-0. 020	-0. 010	0. 000	-0. 005	-0. 005
	500	0. 041	0. 060	0. 001	0. 041	0. 001	-0. 030	-0. 049	0. 000	-0. 002	-0. 008	-0. 004	0. 000	-0. 002	-0. 002
15	10	4. 233	6. 327	-0. 005	4. 259	1. 027	-0. 356	-2. 996	0. 001	-0. 099	-0. 371	-0. 238	0. 001	-0. 099	-0. 099
	20	1. 743	2. 619	0. 010	1. 770	0. 221	-0. 654	-1. 713	0. 001	-0. 049	-0. 193	-0. 106	0. 001	-0. 049	-0. 049
	50	0. 637	0. 953	0. 009	0. 647	0. 036	-0. 381	-0. 720	-0. 001	-0. 021	-0. 080	-0. 041	-0. 001	-0. 021	-0. 021
	100	0. 308	0. 461	0. 004	0. 313	0. 008	-0. 214	-0. 367	0. 000	-0. 010	-0. 040	-0. 020	0. 000	-0. 010	-0. 010
	200	0. 146	0. 222	-0. 003	0. 149	-0. 004	-0. 118	-0. 190	0. 000	-0. 005	-0. 020	-0. 010	0. 000	-0. 005	-0. 005
	500	0. 060	0. 090	0. 000	0. 061	0. 000	-0. 047	-0. 075	0. 000	-0. 002	-0. 008	-0. 004	0. 000	-0. 002	-0. 002

表 2.3　各种估计量的估计效率(其中$\beta=1$)

α	n	$\hat{\alpha}^*_{MOM}$	$\hat{\alpha}_{QLE}$	$\hat{\alpha}_{MLE}$	$\tilde{\alpha}_{MLE}$	$\hat{\alpha}_{BAY}$	$\hat{\alpha}^*_{YC}$	$\hat{\alpha}^*_{MLE}$	$\hat{\beta}^*_{MOM}$	$\hat{\beta}_{QLE}$	$\hat{\beta}_{MLE}$	$\tilde{\beta}_{MLE}$	$\hat{\beta}_{BAY}$	$\hat{\beta}^*_{YC}$	$\hat{\beta}^*_{MLE}$
0. 1	10	0. 054	0. 448	0. 359	0. 275	0. 430	0. 692	1. 265	0. 000	0. 903	1. 035	1. 555	0. 001	0. 903	1. 035
	20	0. 064	0. 688	0. 621	0. 429	0. 688	0. 861	1. 112	0. 036	0. 949	1. 014	1. 336	0. 889	0. 949	1. 014
	50	0. 067	0. 849	0. 833	0. 653	0. 871	0. 929	1. 033	0. 254	0. 973	1. 000	1. 163	0. 973	0. 973	1. 000
	100	0. 066	0. 909	0. 920	0. 794	0. 941	0. 951	1. 021	0. 332	0. 985	1. 002	1. 091	0. 990	0. 985	1. 002
	200	0. 063	0. 932	0. 957	0. 885	0. 968	0. 952	1. 008	0. 349	0. 994	1. 005	1. 057	0. 999	0. 994	1. 005
	500	0. 058	0. 946	0. 982	0. 950	0. 987	0. 954	1. 003	0. 350	0. 992	0. 999	1. 022	0. 997	0. 992	0. 999
0. 3	10	0. 116	0. 359	0. 283	0. 648	0. 347	0. 564	0. 885	0. 121	0. 881	1. 022	1. 209	0. 791	0. 881	1. 022
	20	0. 148	0. 617	0. 559	0. 836	0. 624	0. 785	0. 998	0. 295	0. 938	1. 018	1. 187	0. 935	0. 938	1. 018
	50	0. 165	0. 801	0. 798	0. 936	0. 838	0. 883	1. 010	0. 376	0. 963	1. 007	1. 096	0. 979	0. 963	1. 007
	100	0. 165	0. 856	0. 884	0. 958	0. 906	0. 901	0. 999	0. 397	0. 974	1. 004	1. 049	0. 990	0. 974	1. 004
	200	0. 160	0. 895	0. 944	0. 982	0. 956	0. 919	1. 003	0. 386	0. 978	1. 004	1. 027	0. 997	0. 978	1. 004
	500	0. 153	0. 921	0. 982	0. 998	0. 987	0. 930	1. 005	0. 387	0. 983	1. 005	1. 014	1. 002	0. 983	1. 005
0. 5	10	0. 152	0. 323	0. 257	0. 627	0. 322	0. 511	0. 778	0. 265	0. 879	1. 031	1. 103	0. 793	0. 879	1. 031
	20	0. 212	0. 586	0. 520	0. 815	0. 588	0. 752	0. 898	0. 390	0. 936	1. 023	1. 101	0. 927	0. 936	1. 023
	50	0. 244	0. 789	0. 782	0. 937	0. 824	0. 873	0. 969	0. 426	0. 952	1. 006	1. 055	0. 974	0. 952	1. 006
	100	0. 246	0. 855	0. 881	0. 967	0. 906	0. 902	0. 985	0. 424	0. 958	0. 999	1. 022	0. 983	0. 958	0. 999
	200	0. 239	0. 894	0. 944	0. 988	0. 957	0. 918	0. 997	0. 421	0. 965	1. 003	1. 015	0. 995	0. 965	1. 003
	500	0. 237	0. 912	0. 971	0. 989	0. 976	0. 922	0. 994	0. 424	0. 965	0. 997	1. 001	0. 993	0. 965	0. 997
0. 7	10	0. 180	0. 310	0. 240	0. 591	0. 305	0. 492	0. 734	0. 351	0. 860	1. 016	1. 040	0. 761	0. 860	1. 016
	20	0. 258	0. 572	0. 504	0. 797	0. 575	0. 738	0. 868	0. 434	0. 914	1. 007	1. 049	0. 902	0. 914	1. 007
	50	0. 301	0. 773	0. 759	0. 916	0. 803	0. 859	0. 942	0. 451	0. 943	1. 004	1. 028	0. 966	0. 943	1. 004
	100	0. 310	0. 857	0. 879	0. 968	0. 906	0. 905	0. 982	0. 461	0. 956	1. 005	1. 017	0. 986	0. 956	1. 005
	200	0. 308	0. 890	0. 930	0. 975	0. 944	0. 914	0. 981	0. 463	0. 963	1. 001	1. 008	0. 992	0. 963	1. 001
	500	0. 307	0. 918	0. 972	0. 991	0. 978	0. 929	0. 995	0. 462	0. 968	1. 004	1. 006	1. 000	0. 968	1. 004

续表

α	n	$\hat{\alpha}^*_{MOM}$	$\hat{\alpha}_{QLE}$	$\hat{\alpha}_{MLE}$	$\tilde{\alpha}_{MLE}$	$\hat{\alpha}_{BAY}$	$\hat{\alpha}^*_{YC}$	$\hat{\alpha}^*_{MLE}$	$\hat{\beta}^*_{MOM}$	$\hat{\beta}_{QLE}$	$\hat{\beta}_{MLE}$	$\tilde{\beta}_{MLE}$	$\hat{\beta}_{BAY}$	$\hat{\beta}^*_{YC}$	$\hat{\beta}^*_{MLE}$
1	10	0. 199	0. 289	0. 227	0. 564	0. 293	0. 461	0. 711	0. 433	0. 870	1. 032	0. 988	0. 742	0. 870	1. 032
	20	0. 315	0. 569	0. 494	0. 786	0. 569	0. 735	0. 855	0. 488	0. 905	1. 003	1. 013	0. 885	0. 905	1. 003
	50	0. 375	0. 780	0. 757	0. 916	0. 805	0. 868	0. 938	0. 506	0. 934	0. 994	1. 004	0. 951	0. 934	0. 994
	100	0. 386	0. 851	0. 863	0. 951	0. 891	0. 899	0. 964	0. 510	0. 949	0. 998	1. 001	0. 976	0. 949	0. 998
	200	0. 391	0. 896	0. 929	0. 976	0. 944	0. 921	0. 981	0. 509	0. 957	1. 000	1. 002	0. 989	0. 957	1. 000
	500	0. 392	0. 932	0. 980	0. 999	0. 986	0. 942	1. 001	0. 512	0. 966	1. 005	1. 005	1. 001	0. 966	1. 005
3	10	0. 240	0. 268	0. 214	0. 539	0. 286	0. 427	0. 704	0. 648	0. 879	1. 045	0. 913	0. 687	0. 879	1. 045
	20	0. 443	0. 552	0. 468	0. 753	0. 552	0. 719	0. 841	0. 690	0. 923	1. 017	0. 962	0. 856	0. 923	1. 017
	50	0. 585	0. 783	0. 736	0. 899	0. 793	0. 878	0. 933	0. 711	0. 961	1. 009	0. 986	0. 947	0. 961	1. 009
	100	0. 635	0. 875	0. 857	0. 950	0. 891	0. 928	0. 966	0. 713	0. 967	1. 001	0. 990	0. 971	0. 967	1. 001
	200	0. 661	0. 932	0. 934	0. 983	0. 953	0. 959	0. 990	0. 714	0. 978	1. 007	1. 002	0. 992	0. 978	1. 007
	500	0. 664	0. 943	0. 958	0. 978	0. 966	0. 955	0. 982	0. 708	0. 968	0. 991	0. 989	0. 985	0. 968	0. 991
5	10	0. 253	0. 270	0. 213	0. 536	0. 286	0. 432	0. 706	0. 731	0. 889	1. 053	0. 904	0. 678	0. 889	1. 053
	20	0. 484	0. 551	0. 464	0. 749	0. 551	0. 719	0. 841	0. 763	0. 929	1. 019	0. 955	0. 849	0. 929	1. 019
	50	0. 668	0. 805	0. 751	0. 917	0. 812	0. 902	0. 951	0. 800	0. 979	1. 022	0. 994	0. 955	0. 979	1. 022
	100	0. 715	0. 876	0. 851	0. 944	0. 886	0. 930	0. 963	0. 796	0. 974	1. 001	0. 986	0. 968	0. 974	1. 001
	200	0. 750	0. 931	0. 925	0. 974	0. 944	0. 960	0. 984	0. 797	0. 980	1. 001	0. 994	0. 985	0. 980	1. 001
	500	0. 768	0. 962	0. 969	0. 989	0. 977	0. 973	0. 991	0. 795	0. 981	0. 999	0. 997	0. 993	0. 981	0. 999

续表

α	n	$\hat{\alpha}^*_{MOM}$	$\hat{\alpha}_{QLE}$	$\hat{\alpha}_{MLE}$	$\tilde{\alpha}_{MLE}$	$\hat{\alpha}_{BAY}$	$\hat{\alpha}^*_{YC}$	$\hat{\alpha}^*_{MLE}$	$\hat{\beta}^*_{MOM}$	$\hat{\beta}_{QLE}$	$\hat{\beta}_{MLE}$	$\tilde{\beta}_{MLE}$	$\hat{\beta}_{BAY}$	$\hat{\beta}^*_{YC}$	$\hat{\beta}^*_{MLE}$
7	10	0. 263	0. 275	0. 212	0. 536	0. 285	0. 441	0. 711	0. 766	0. 885	1. 044	0. 894	0. 667	0. 885	1. 044
	20	0. 500	0. 551	0. 464	0. 747	0. 551	0. 719	0. 841	0. 807	0. 936	1. 023	0. 954	0. 847	0. 936	1. 023
	50	0. 701	0. 800	0. 743	0. 906	0. 804	0. 895	0. 940	0. 834	0. 970	1. 011	0. 985	0. 944	0. 970	1. 011
	100	0. 765	0. 888	0. 860	0. 953	0. 897	0. 942	0. 971	0. 838	0. 979	1. 005	0. 992	0. 972	0. 979	1. 005
	200	0. 806	0. 942	0. 933	0. 980	0. 952	0. 969	0. 986	0. 843	0. 984	1. 003	0. 999	0. 987	0. 984	1. 003
	500	0. 823	0. 970	0. 972	0. 993	0. 981	0. 982	0. 996	0. 846	0. 990	1. 003	1. 000	0. 996	0. 990	1. 003
10	10	0. 272	0. 281	0. 215	0. 544	0. 290	0. 451	0. 719	0. 802	0. 887	1. 045	0. 895	0. 667	0. 887	1. 045
	20	0. 526	0. 561	0. 471	0. 760	0. 561	0. 733	0. 855	0. 849	0. 945	1. 027	0. 952	0. 848	0. 945	1. 027
	50	0. 709	0. 777	0. 720	0. 881	0. 779	0. 872	0. 921	0. 868	0. 965	1. 001	0. 973	0. 933	0. 965	1. 001
	100	0. 800	0. 890	0. 860	0. 951	0. 896	0. 943	0. 967	0. 879	0. 982	1. 005	0. 994	0. 972	0. 982	1. 005
	200	0. 837	0. 938	0. 926	0. 974	0. 946	0. 966	0. 983	0. 876	0. 982	0. 998	0. 992	0. 981	0. 982	0. 998
	500	0. 866	0. 971	0. 969	0. 990	0. 978	0. 983	0. 994	0. 889	0. 993	1. 002	0. 998	0. 995	0. 993	1. 002
15	10	0. 258	0. 264	0. 211	0. 533	0. 285	0. 421	0. 709	0. 835	0. 895	1. 052	0. 893	0. 665	0. 895	1. 052
	20	0. 533	0. 555	0. 465	0. 751	0. 555	0. 725	0. 847	0. 878	0. 944	1. 026	0. 951	0. 845	0. 944	1. 026
	50	0. 751	0. 802	0. 742	0. 908	0. 804	0. 899	0. 946	0. 914	0. 987	1. 023	0. 990	0. 951	0. 987	1. 023
	100	0. 832	0. 892	0. 859	0. 950	0. 895	0. 945	0. 967	0. 911	0. 981	1. 000	0. 988	0. 967	0. 981	1. 000
	200	0. 870	0. 940	0. 925	0. 974	0. 945	0. 969	0. 983	0. 914	0. 988	1. 001	0. 994	0. 984	0. 988	1. 001
	500	0. 896	0. 969	0. 966	0. 986	0. 974	0. 981	0. 990	0. 916	0. 990	0. 998	0. 994	0. 991	0. 990	0. 998

表 2.4 估计效率的比较(取 $\beta=1$)

α	n	$\hat{\alpha}^*_{ZMLE}$	$\hat{\alpha}^*_0$	$\hat{\alpha}^*_1$	$\hat{\alpha}^*_2$	$\hat{\alpha}^*_{MLE}$	α	n	$\hat{\alpha}^*_{ZMLE}$	$\hat{\alpha}^*_0$	$\hat{\alpha}^*_1$	$\hat{\alpha}^*_2$	$\hat{\alpha}^*_{MLE}$
0.1	10	0.688	0.880	0.873	0.878	1.301	0.5	10	0.714	0.843	0.847	0.843	0.829
	20	0.849	0.923	0.921	0.923	1.109		20	0.891	0.900	0.901	0.899	0.910
	50	0.945	0.971	0.970	0.971	1.034		50	0.964	0.954	0.954	0.954	0.961
	100	0.957	0.971	0.970	0.971	0.998		100	0.984	0.977	0.977	0.977	0.981
	200	0.989	0.999	0.999	0.999	1.010		200	0.982	0.978	0.978	0.978	0.981
	500	0.999	1.003	1.003	1.003	1.008		500	0.998	0.996	0.996	0.996	0.997
0.2	10	0.828	0.870	0.864	0.866	1.115	0.6	10	0.685	0.827	0.831	0.826	0.799
	20	0.999	0.925	0.922	0.924	1.116		20	0.873	0.892	0.893	0.892	0.888
	50	1.027	0.975	0.974	0.975	1.063		50	0.964	0.959	0.960	0.959	0.959
	100	1.006	0.978	0.977	0.977	1.022		100	0.978	0.974	0.974	0.974	0.975
	200	1.011	0.995	0.995	0.995	1.018		200	0.996	0.994	0.994	0.994	0.994
	500	1.003	0.997	0.997	0.997	1.006		500	1.002	1.001	1.001	1.001	1.002
0.3	10	0.797	0.872	0.871	0.870	0.954	0.7	10	0.692	0.830	0.836	0.831	0.799
	20	0.945	0.911	0.909	0.909	0.994		20	0.860	0.886	0.888	0.886	0.875
	50	1.009	0.975	0.974	0.974	1.019		50	0.952	0.952	0.952	0.951	0.948
	100	1.001	0.982	0.981	0.981	1.005		100	0.983	0.982	0.982	0.981	0.979
	200	1.004	0.994	0.994	0.994	1.006		200	0.989	0.988	0.988	0.988	0.987
	500	0.986	0.982	0.982	0.982	0.987		500	0.998	0.998	0.998	0.998	0.998
0.4	10	0.742	0.852	0.853	0.850	0.866	0.8	10	0.679	0.825	0.831	0.826	0.791
	20	0.900	0.895	0.894	0.894	0.928		20	0.852	0.883	0.884	0.882	0.868
	50	0.981	0.962	0.961	0.961	0.982		50	0.951	0.954	0.954	0.953	0.948
	100	0.987	0.976	0.976	0.976	0.988		100	0.975	0.975	0.975	0.975	0.972
	200	0.992	0.986	0.986	0.986	0.992		200	0.980	0.980	0.980	0.980	0.978
	500	0.994	0.992	0.992	0.992	0.994		500	0.984	0.984	0.984	0.984	0.983

续表

α	n	$\hat{\alpha}^*_{ZMLE}$	$\hat{\alpha}^*_0$	$\hat{\alpha}^*_1$	$\hat{\alpha}^*_2$	$\hat{\alpha}^*_{MLE}$	α	n	$\hat{\alpha}^*_{ZMLE}$	$\hat{\alpha}^*_0$	$\hat{\alpha}^*_1$	$\hat{\alpha}^*_2$	$\hat{\alpha}^*_{MLE}$
0.9	10	0.669	0.821	0.827	0.822	0.785	3.0	10	0.656	0.811	0.814	0.813	0.795
	20	0.837	0.874	0.876	0.874	0.858		20	0.822	0.864	0.865	0.865	0.853
	50	0.947	0.951	0.952	0.951	0.943		50	0.924	0.933	0.934	0.933	0.927
	100	0.973	0.974	0.974	0.974	0.970		100	0.972	0.974	0.975	0.975	0.971
	200	0.991	0.991	0.991	0.991	0.989		200	0.984	0.985	0.985	0.985	0.983
	500	0.998	0.998	0.998	0.998	0.997		500	0.994	0.995	0.995	0.995	0.993
1.0	10	0.654	0.814	0.820	0.815	0.776	5.0	10	0.659	0.811	0.812	0.812	0.803
	20	0.832	0.871	0.873	0.871	0.854		20	0.818	0.861	0.862	0.862	0.854
	50	0.936	0.942	0.943	0.942	0.934		50	0.930	0.937	0.938	0.938	0.933
	100	0.975	0.977	0.977	0.977	0.972		100	0.962	0.965	0.965	0.965	0.962
	200	0.991	0.991	0.991	0.991	0.989		200	0.978	0.979	0.979	0.979	0.978
	500	0.998	0.998	0.998	0.998	0.997		500	0.995	0.995	0.995	0.995	0.994
1.5	10	0.658	0.813	0.818	0.815	0.783	10	10	0.669	0.817	0.818	0.818	0.818
	20	0.821	0.863	0.865	0.864	0.846		20	0.812	0.855	0.855	0.855	0.851
	50	0.944	0.952	0.952	0.952	0.942		50	0.935	0.942	0.942	0.942	0.940
	100	0.963	0.966	0.966	0.966	0.961		100	0.971	0.974	0.974	0.974	0.972
	200	0.987	0.988	0.988	0.988	0.985		200	0.979	0.980	0.980	0.980	0.979
	500	0.986	0.986	0.986	0.986	0.985		500	1.003	1.004	1.004	1.004	1.003
2.0	10	0.654	0.806	0.810	0.808	0.783	50	10	0.843	0.916	0.916	0.909	0.968
	20	0.829	0.870	0.872	0.871	0.855		20	0.821	0.866	0.864	0.862	0.863
	50	0.932	0.941	0.941	0.941	0.933		50	0.934	0.942	0.941	0.941	0.940
	100	0.971	0.974	0.974	0.974	0.969		100	0.962	0.965	0.964	0.964	0.963
	200	0.985	0.986	0.986	0.986	0.984		200	0.981	0.981	0.981	0.981	0.981
	500	0.992	0.993	0.993	0.993	0.991		500	0.991	0.991	0.991	0.991	0.991

2.4 本章小结

本章借助回归模型提出一种伽马分布参数的点估计法。首先，利用构造形状参数的极大似然估计的线性函数，建立线性回归模型，根据均方误差最小确定回归参数的估计，结合蒙特卡罗模拟方法得到伽马分布参数的估计。其次，利用蒙特卡罗方法计算估计偏差和效率，根据计算结果比较各种估计的偏差和效率。最后，模拟结果表明，新的估计量不仅渐近最优，而且具有较好的有限样本性质；相对于其他的估计而言，新的估计完美地修正了极大似然估计的偏差，本质上提高了估计的效率。

第3章

删失数据下双参数指数分布的最优置信域

3.1 引言

在寿命检验和可靠性检验中，由于时间、资金及其他数据收集的限制，检验者往往不能观测到所有被检验个体的值。因此，所收集的样本数据常常是在某种删失策略下得到的删失数据。常用的删失策略是第Ⅱ类删失，它是指共有 n 个个体参与试验，当第 $m(1\leqslant m\leqslant n)$ 个个体试验失败时，试验即终止。第Ⅱ类删失包括第Ⅱ类逐步删失和第Ⅱ类双删失。Balakrishnan 和 Cramer（2014）给出第Ⅱ类逐步删失的定义（详见 1.2.2 节）。在寿命试验和可靠性分析领域，逐步删失具有广泛的应用，具体成果见相关文献（Fernández，2004a，2005；Lee，Wu and Hong，2009；Wu，2010；Bairamov and Parsi，2011；et al.）。设有 n 个个体参与试验，为了满足观测的失败值最小达到一个事先指定的数值，前 r 个最小的样本观测值将从左边被删除；由于试验时间的限制，最后 s 个最大的样本观测值将从右边被删除，这样收集的数据构成一个第Ⅱ类双删失样本：$X_{r+1}<X_{r+2}<\cdots<X_{n-s}$，其中 $X_{(i)}$ 为样本的第 i 个次序统计量，$i=r+1$，$r+2$，$\cdots$，$n-s$。当 $r=0$ 时，双删失样本退化为一个右删失样本；当 $s=0$ 时，双删失样本退化为一个左删失样本；当 $r=s=0$ 时，则退化为一个完全样本。在过去的数十年里，双删失样本数据被大量地研究，研究成果见相关文献（Schneider，1984；LaR-

iccia, 1986b; Schneider and Weissfeld, 1986; Lemonte and Ferrari, 2011; Khan et al., 2011)。

双参数指数分布是生存分析和可靠性分析中常见的模型，常被用于描述生物医学领域的某种生命数据，描述个体试验失败的观察值、设备的可靠性以及更多的应用，见文献（Bain, 1978; Lawless, 1982; Johnson, Kotz and Balakrishnan, 1994; Balakrishnan and Basu, 1995）。双参数指数分布置信集的确定在许多实证研究中具有重要作用，在双删失样本下，双参数指数分布的统计推断被大量地研究。Xu 和 Yang（1995）研究了指数分布在第Ⅱ类删失样本下，关于总试验时间统计量之比所构成向量的分布问题；Elfessi（1997）得到了双参数指数分布在双删失样本下尺度参数及其倒数和位置参数的改进后的估计，同时考虑了尺度参数与位置参数所构成线性函数的估计问题，结果表明改进后的估计都优于最佳仿射同变估计；Fernández（2000）得到了双参数指数分布的容量为 n 的样本中第 k 个有序观测的极大似然预测值，在第Ⅱ类双删失样本下位置参数和尺度参数预测极大似然估计值的完全形式，并证明预测值和估计值是合理的且具有较好的渐近性质；Fernández（2004b）对来自指数寿命分布的双删失样本，在贝叶斯框架下研究了单样本和双样本的预测问题，在平方损失函数下得到了贝叶斯预测估计的完全形式；Khan, Haq 和 Provost（2006）研究了双参数指数寿命检验模型在第Ⅱ类双删失样本下，一个和多个未来响应及其平均的预测分布，同时确定了一个未来响应的最大预测密度区间。

基于经验的未知参数置信集的构造在许多应用领域具有重要的实践意义。置信集的最优性问题一直被统计学者关注，在对未知参数的置信集进行选择时，通常做法是将置信集的大小最小化。在给定的置信水平下，最小置信集的确定基本上是一个带约束的优化问题，即通过求解非线性规划问题计算最小置信集，参见文献 Fernández（2012, 2013）。衡量一个置信集的优劣通常有两个标准：一是置信集的大小（长度、面积或体积）；二是错误覆盖概率的大小。Ghosh（1961）和 Pratt（1961）得到置信集的期望体积等于它的错误覆盖概率的积分和；Brown, Casella 和 Hwang（1995）从错误覆盖概率角度研究了置信集的最优性，通过一致最优势检验得到多元正态分布均值的最优置信集；Tseng 和 Brown（1997）利用 Brown，Casella 和 Hwang（1995）关于置信集最优性定理的启发，提出一类基于一定覆盖概率多元正态分布均值的置信集；Efron（2006）研究了多元正态分布均值向量的最小体积置信域问题，得到并利用一种新方法计算可达体积的下界；Liu 和 Hayter（2007）针对简单线性回归，将一个置信带所对应置信集的面积作为新准则来比较不同的置信带，得出最好的置信带是 Working 和 Hotelling（1929）得到的双曲带；Wu（2007）得到双参数指数分布在第Ⅱ类双删失样本下尺度参数的区间估计和两个参数的联合置信域，但没有讨论置信域的最优性问题；Frey，Marrero 和 Norton（2009）利用同变性条件得到正态分布的最小面积置信集和累积分布函数的最小面积置信带；Schafer 和 Stark（2009）利用蒙特卡罗方法逼近存在于一个紧集中的某个参数的极大极小期望置信集，从而构建了一个最优期望大小的置信域；Hayter（2012）研究了双参数指数分布可靠性函数置信带的构造问题，通过两个参数的最优置信集产生可靠性函数的置信带，并指明这种方法适用于完全样本或者第Ⅱ类删失样本；Fernández（2014）给出了基于逐步删失数据的帕累托形状参数和精度参数的两类联合置信集，推导出置信集面积的显式表达式，并利用一种精确、快速的计算方法得到最小面积帕累托区域，该区域依赖于具有指定置信水平的最小充分统计量；Zhang（2017a）研究在完全样本下正态分布的位置和尺度参数的最优置信集；Asgharzadeh，Fernandez 和 Abdi（2017）针对瑞利分布，研究了逐步删失数据下位置参数和尺度参数的精确置信区间和置信区域，并通过求解带约束的优化问题得到参数的最小面积置信集；Zhang（2018a）得到双参数指数分布在完全样本下参数的最小体积置信集；Yang 和 Puza（2020）讨论了几何分布参数的最优区间估计，利用尾函数方法得到置信区间，并表明在特定权重函数下该置信区间具有较小的宽度或期望宽度，优于其他置信区间。然而，对于删失数据下的双参数指数分布的最优置信域问题，文献鲜有涉及。本章主要针对这一问题，在 Zhang（2018a）工作的基础上，将完全样本扩展到第Ⅱ类删失样本（包括第Ⅱ类双删失和第Ⅱ类逐步删失样本）的情形，解决双参数指数分布参数的最优置信域问题。

本章的组织结构如下：3.2 节中主要介绍双参数指数分布参数的经典联合置信域；3.3 节给出两类删失样本下未知参数的最小面积置信域（MACR）的计算方法；3.4 节是将经典置信域与 MACR 进行比较研究，主要是对各种置信域的面积进行比较；3.5 节是对实例进行分析；3.6 节给出定理的证明；最后，3.7 节是本章小结。

3.2 经典置信域

双参数指数分布（Knight，2000），简记为 $Exp(\mu,\ \sigma)$，其概率密度函数（pdf）为：

$$f(x;\mu,\sigma) = \begin{cases} \dfrac{1}{\sigma}e^{-\frac{x-\mu}{\sigma}}, & x \geqslant \mu, \\ 0, & x < \mu \end{cases} \tag{3.1}$$

其中 $\mu \geqslant 0$、$\sigma > 0$ 分别是位置参数和尺度参数。

3.2.1 在第Ⅱ类逐步删失样本下的情形

设 $X_1 < X_2 < \cdots < X_m$ 是来自 $Exp(\mu,\ \sigma)$ 的第Ⅱ类逐步删失样本，令 n_i 为第 i 次试验失败之前被测试个体的数量，其中 $i=1,\ 2,\ \cdots,\ m$。记 $Z_i = n_i(X_i - X_{i-1})/\sigma$, $X_0 \equiv \mu$, Viveros 和 Balakrishnan（1994）证明了 $Z_1,\ Z_2,\ \cdots,\ Z_m$ 独立同分布且服从 $Exp(0,\ 1)$，即 $Z_1,\ Z_2,\ \cdots,\ Z_m \sim Exp(0,\ 1)$，Bickel 和 Doksum（2001）得到下面两个结论。

(i) $2\sum_{i=2}^{m} Z_i = 2[\sum_{i=1}^{m}(r_i+1)X_i - nX_1]/\sigma \sim \chi^2_{2m-2}$, $Z_1 = n(X_1-\mu)/\sigma \sim Exp(0,1)$，且这两个枢轴量独立，其中 χ^2_m 指自由度为 m 的卡方分布。

(ii) $2\sum_{i=1}^{m} Z_i = 2[\sum_{i=1}^{m}(r_i+1)(X_i-\mu)]/\sigma \sim \chi^2_{2m}$，$(m-1)Z_1/\sum_{i=2}^{m} Z_i =$

$\dfrac{n(m-1)(X_1-\mu)}{\sum\limits_{i=1}^{m}(r_i+1)X_i-nX_1}\sim F_{2,2m-2}$，且这两个枢轴量独立，其中$F_{n_1,n_2}$指自由度为$n_1$和$n_2$的$F$分布。

由（i）可得：

$$P\left[-\ln(1-\alpha_2')\leqslant\frac{n(X_1-\mu)}{\sigma}\leqslant-\ln\alpha_1'\right]=1-\alpha' \text{ 和 } P\left[\chi^2_{2m-2}(\alpha_2'')\leqslant\frac{2\left[\sum\limits_{i=1}^{m}(r_i+1)X_i-nX_1\right]}{\sigma}\leqslant\chi^2_{2m-2}(1-\alpha_1'')\right]=1-\alpha''。$$

其中，$\alpha_1'+\alpha_2'=\alpha'$，$\alpha_1''+\alpha_2''=\alpha''$，$\chi^2_m(p)$是卡方分布$\chi^2_m$的$p$分位数。于是，$\mu$和$\sigma$的置信水平为$1-\alpha$的联合置信域（Method 1）为：

$$\begin{cases}X_1+\dfrac{\sigma\ln\alpha_1'}{n}\leqslant\mu\leqslant X_1+\dfrac{\sigma\ln(1-\alpha_2')}{n}\\[2ex]\dfrac{2\left[\sum\limits_{i=1}^{m}(r_i+1)X_i-nX_1\right]}{\chi^2_{2m-2}(1-\alpha_1'')}\leqslant\sigma\leqslant\dfrac{2\left[\sum\limits_{i=1}^{m}(r_i+1)X_i-nX_1\right]}{\chi^2_{2m-2}(\alpha_2'')}\end{cases}\tag{3.2}$$

其中$(1-\alpha')(1-\alpha'')=1-\alpha$。

类似地，根据（ii）可得：

$$P\left[\chi^2_{2m}(\alpha_2'')\leqslant\frac{2\left[\sum\limits_{i=1}^{m}(r_i+1)(X_i-\mu)\right]}{\sigma}\leqslant\chi^2_{2m}(1-\alpha_1'')\right]=1-\alpha' \text{ 和}$$

$$P\left[F_{2,2m-2}(\alpha_2'')\leqslant\frac{n(m-1)(X_1-\mu)}{\sum\limits_{i=1}^{m}(r_i+1)X_i-nX_1}\leqslant F_{2,2m-2}(1-\alpha_1'')\right]=1-\alpha'',$$

其中$\alpha_1'+\alpha_2'=\alpha'$，$\alpha_1''+\alpha_2''=\alpha''$，$F_{n_1,n_2}(p)$指$F_{n_1,n_2}$分布的$p$分位数。

利用Zhang（2013c）已证明的等式：

$$F_{2,2m-2}(p)=(m-1)\left[(1-p)^{\frac{-1}{m-1}}-1\right],0<p<1\tag{3.3}$$

可将μ和σ的置信水平为$1-\alpha$的联合置信域（Method 2）表示为：

$$\begin{cases} X_1 + \dfrac{\sum_{i=1}^{m}(r_i+1)X_i - nX_1}{n}\left[1-(\alpha_1'')^{\frac{-1}{m-1}}\right] \leqslant \mu \leqslant X_1 \\ \quad + \dfrac{\sum_{i=1}^{m}(r_i+1)X_i - nX_1}{n}\left[1-(1-\alpha_2'')^{\frac{-1}{m-1}}\right] \\ \dfrac{2\left[\sum_{i=1}^{m}(r_i+1)(X_i-\mu)\right]}{\chi_{2m}^2(1-\alpha_1')} \leqslant \sigma \leqslant \dfrac{2\left[\sum_{i=1}^{m}(r_i+1)(X_i-\mu)\right]}{\chi_{2m}^2(\alpha_2')} \end{cases} \tag{3.4}$$

其中 $(1-\alpha')(1-\alpha'')=1-\alpha$。

在式（3.2）和式（3.4）这两种置信域中，最常见的联合置信域是“等尾”（$\alpha_1'=\alpha_2'=\alpha'/2$，$\alpha_1''=\alpha_2''=\alpha''/2$）和“等概率”（$1-\alpha'=1-\alpha''=\sqrt{1-\alpha}$）置信域，这也是 Wu（2010）得到的两种置信域，本章将其分别记为 EE1 和 EE2。于是，μ 和 σ 的置信水平为 $1-\alpha$ 的联合置信域（EE1）为：

$$\begin{cases} X_1 + \dfrac{\sigma\ln\alpha_1}{n} \leqslant \mu \leqslant X_1 + \dfrac{\sigma\ln\alpha_2}{n} \\ \dfrac{2\left[\sum_{i=1}^{m}(r_i+1)X_i - nX_1\right]}{\chi_{2m-2}^2(\alpha_2)} \leqslant \sigma \leqslant \dfrac{2\left[\sum_{i=1}^{m}(r_i+1)X_i - nX_1\right]}{\chi_{2m-2}^2(\alpha_1)} \end{cases} \tag{3.5}$$

其中 $\alpha_1=\dfrac{1-\sqrt{1-\alpha}}{2}$，$\alpha_2=\dfrac{1+\sqrt{1-\alpha}}{2}$。

同理，可得 μ 和 σ 的置信水平为 $1-\alpha$ 的联合置信域（EE2）为：

$$\begin{cases} X_1 + \dfrac{\sum_{i=1}^{m}(r_i+1)X_i - nX_1}{n}\left[1-(\alpha_1)^{\frac{-1}{m-1}}\right] \leqslant \mu \leqslant X_1 \\ \quad + \dfrac{\sum_{i=1}^{m}(r_i+1)X_i - nX_1}{n}\left[1-(\alpha_2)^{\frac{-1}{m-1}}\right] \\ \dfrac{2\left[\sum_{i=1}^{m}(r_i+1)(X_i-\mu)\right]}{\chi_{2m}^2(\alpha_2)} \leqslant \sigma \leqslant \dfrac{2\left[\sum_{i=1}^{m}(r_i+1)(X_i-\mu)\right]}{\chi_{2m}^2(\alpha_1)} \end{cases} \tag{3.6}$$

其中 $\alpha_1 = \dfrac{1-\sqrt{1-\alpha}}{2}$，$\alpha_2 = \dfrac{1+\sqrt{1-\alpha}}{2}$。

3.2.2　在第Ⅱ类双删失样本下的情形

设 $X_{(r+1)} < X_{(r+2)} < \cdots < X_{(n-s)}$ 是来自双参数指数分布 $Exp(\mu, \sigma)$ 的第Ⅱ类双删失样本，为简便起见，记 $X_{(i)}$ 为 X_i，$i=r+1$，$r+2$，…，$n-s$。令 $Z_i' = (n-i+1)(X_i - X_{i-1})/\sigma$，$X_0 \equiv \mu$，David 和 Nagaraja（2003）得到：标准化后的序列 Z_{r+1}'，Z_{r+2}'，…，Z_{n-s}' 独立且服从 $Exp(0, 1)$：

$$\sum_{i=1}^{r+1} \frac{Z_i'}{n-i+1} = \frac{X_{r+1}-\mu}{\sigma} \sim F_*,$$

$$2\sum_{i=r+2}^{n-s} Z_i' = \frac{2\left[sX_{n-s} + \sum\limits_{i=r+1}^{n-s} X_i - (n-r)X_{r+1}\right]}{\sigma} \sim \chi^2_{2(n-r-s-1)},$$

且这两个统计量独立，其中 F_* 代表 $(X_{r+1}-\mu)/\sigma$ 的分布。

根据

$$P\left[F_*^{-1}(\alpha_2') \leqslant \frac{X_{r+1}-\mu}{\sigma} \leqslant F_*^{-1}(1-\alpha_1')\right] = 1-\alpha'$$

和

$$P\left[\chi^2_{2(n-r-s-1)}(\alpha_2'') \leqslant \frac{2\left[sX_{n-s} + \sum\limits_{i=r+1}^{n-s} X_i - (n-r)X_{r+1}\right]}{\sigma} \leqslant \chi^2_{2(n-r-s-1)}(1-\alpha_1'')\right]$$
$$= 1-\alpha'',$$

其中 $\alpha_1' + \alpha_2' = \alpha'$，$\alpha_1'' + \alpha_2'' = \alpha''$，$F_*^{-1}(p)$ 指 $F_*(t)$ 的逆函数（即 F_* 分布的 p 分位数），得到（μ，σ）的置信水平为 $1-\alpha$ 的经典联合置信域为：

$$\begin{cases} X_{r+1} - \sigma F_*^{-1}(1-\alpha_1') \leqslant \mu \leqslant X_{r+1} - \sigma F_*^{-1}(\alpha_2') \\ \dfrac{2\left[sX_{n-s} + \sum\limits_{i=r+1}^{n-s} X_i - (n-r)X_{r+1}\right]}{\chi^2_{2(n-r-s-1)}(1-\alpha_1'')} \leqslant \sigma \leqslant \dfrac{2\left[sX_{n-s} + \sum\limits_{i=r+1}^{n-s} X_i - (n-r)X_{r+1}\right]}{\chi^2_{2(n-r-s-1)}(\alpha_2'')} \end{cases} \tag{3.7}$$

其中 $(1-\alpha')(1-\alpha'')=1-\alpha$。最常见的情形是“等尾”($\alpha_1'=\alpha_2'=\alpha'/2,\alpha''_1=\alpha''_2=\alpha''/2$) 和“等概率”($1-\alpha'=1-\alpha''=\sqrt{1-\alpha}$)，即 μ 和 σ 的置信水平为 $1-\alpha$ 的常用置信域（EE）为：

$$\begin{cases} X_{r+1}-\sigma F_*^{-1}(\alpha_2)\leqslant\mu\leqslant X_{r+1}-\sigma F_*^{-1}(\alpha_1) \\ \dfrac{2[sX_{n-s}+\sum_{i=r+1}^{n-s}X_i-(n-r)X_{r+1}]}{\chi^2_{2(n-r-s-1)}(\alpha_2)}\leqslant\sigma\leqslant\dfrac{2[sX_{n-s}+\sum_{i=r+1}^{n-s}X_i-(n-r)X_{r+1}]}{\chi^2_{2(n-r-s-1)}(\alpha_1)} \end{cases} \tag{3.8}$$

其中 $\alpha_1=\dfrac{1-\sqrt{1-\alpha}}{2}$，$\alpha_2=\dfrac{1+\sqrt{1-\alpha}}{2}$，这也是 Wu（2007）得到的置信域。然而，Wu（2007）利用一种比较复杂的方法计算 $F_*^{-1}(p)$。事实上，通过 Zhang（2013c）得到的等式：

$$F_*^{-1}(p)=\ln\left[1+\frac{r+1}{n-r}F_{2(r+1),2(n-r)}(p)\right],0<p<1,$$

完全可以简化 $F_*^{-1}(p)$ 的计算。

3.3 最小面积置信域

本节我们将利用一种新方法得到参数的置信域。充分统计量在参数估计中发挥了重要的作用。设 $T=T(X)$ 为 θ 的一个充分统计量，其概率密度函数记为 $f(t;\theta)$，其中 $t\in T(\mathcal{X})$，$\theta\in\Theta$，$\mathcal{X}$ 代表样本空间，Θ 指参数空间，本节中的 θ 指参数 (μ,σ)。根据统计学中的充分性原则，只需要通过充分统计量 T 考虑置信域 $C(T)$。对任意的 $C(T)$ 和 $\theta_0\in\Theta$，定义：

$$C^*(\theta_0)=\{t:\theta_0\in C(t),t\in T(\mathcal{X})\},$$

根据假设检验和置信域的对偶性可知，$C^*(\theta_0)$ 为假设检验 H_0：$\theta=\theta_0\leftrightarrow H_1$：$\theta\neq\theta_0$ 的接受域，$\theta\in C(T)$ 当且仅当 $T\in C^*(\theta)$。

一般情况下，不加任何限制条件的最优置信域是不存在的。在一个合适的限制条件下，我们给出下面的定理，其中 $|C|$ 指任意置信域 C 的体积

(长度或面积)，枢轴量是关于 $(\boldsymbol{X}, \theta)$ 的一个函数，其分布不依赖于参数 θ。

【定理 3.1】 对任意的 $\theta \in \Theta$，若满足下列三个条件：

(1) $T = T(\boldsymbol{X})$ 为 θ 的一个充分统计量，其概率密度函数为 $f(t; \theta)$，其中 $T(\mathcal{X}) = \Theta$；

(2) 存在某个 $p(\theta) > 0$，使 $\tilde{f}(T; \theta) = f(T; \theta)/p(\theta)$ 为枢轴量；

(3) 定义

$C_k(t) = \{\theta : \tilde{f}(t; \theta) \geqslant k\}$,

存在 $q(\theta) > 0$ 满足 $|C^*(\theta)| = q(\theta)|C(\theta)|$，其中 $C^*(\theta) = \{t: \theta \in C(t)\}$，$k > 0$，对给定的 $\alpha \in (0, 1)$，k 的值由 $P[\tilde{f}(T; \theta) \geqslant k] = 1 - \alpha$ 确定。

则 $C_k(T)$ 为 θ 的置信水平为 $1-\alpha$ 的最小面积置信域 (MACR)，且对任意的 $C(T)$ 和 $\theta \in \Theta$，满足 $|C^*(\theta)| \leqslant q(\theta)|C(\theta)|$。

通过定理 3.1，我们得到 $C_k(T)$ 是所有置信水平为 $1-\alpha$ 的置信域 $C(T)$ 中面积最小的，其中的限制条件是 $|C^*(\theta)| \leqslant q(\theta)|C(\theta)|$，这一定理是对 Zhang (2018a) 工作的扩展，定理的证明过程将在 3.6 节中给出。根据定理 3.1，我们还得到下面这个推论。

【推论 3.1】 设 $C_k(T)$ 是定理 3.1 中 θ 的置信水平为 $1-\alpha$ 的 MACR，当数据刻度发生变化，即当 $\boldsymbol{Y} = k\boldsymbol{X}$ ($k > 0$ 为常数) 时，置信域 MACR 的最优性不改变。

根据“充分统计量的一对一变换仍是充分统计量”这一理论很容易得到推论 3.1 的结果。接下来，我们根据定理 3.1 的思路分别推导在第Ⅱ类逐步删失和第Ⅱ类双删失样本下双参数指数分布参数 $\theta = (\mu, \sigma)$ 的最小面积置信域。

3.3.1　基于第Ⅱ类逐步删失样本

设 $X_1 < X_2 < \cdots < X_m$ 是来自 $Exp(\mu, \sigma)$ 的第Ⅱ类逐步删失样本，令

$$V = \frac{1}{m}\sum_{i=2}^{m}(r_i + 1)(X_i - X_1) = \frac{1}{m}\left[\sum_{i=1}^{m}(r_i + 1)X_i - nX_1\right],$$

则 (X_1, V) 是 (μ, σ) 的一个完全充分统计量，且 X_1 和 V 独立（参见文献 Cramer and Kamps，2001）。于是，(X_1, V) 的等价统计量 $T=(X_1/V, 1/V)$ 也是 (μ, σ) 的充分统计量。在 3.2.1 节中已知 $Y_1=n(X_1-\mu)/\sigma \sim Exp(0, 1)$，$Y_2=2mV/\sigma \sim \chi^2_{2m-2}$，且 Y_1 和 Y_2 独立。于是，(Y_1, Y_2) 的联合概率密度函数为 $e^{-y_1}f_{2m-2}(y_2)$，y_1 和 y_2 均大于 0，则 $T=(T_1, T_2)$ 的概率密度函数为：

$$f(t_1,t_2;\mu,\sigma) = e^{-n(t_1/t_2-\mu)/\sigma}f_{2m-2}\left(\frac{2m}{\sigma t_2}\right)\left|\frac{\partial(y_1,y_2)}{\partial(t_1,t_2)}\right|, t_1/t_2 > \mu, t_2 > 0。$$

其中 $Y_1 = n(T_1/T_2-\mu)/\sigma$，$Y_2 = 2m/(\sigma T_2)$，雅可比行列式为 $\left|\frac{\partial(y_1,y_2)}{\partial(t_1,t_2)}\right| = \frac{2mn}{\sigma^2 t_2^3}$。

根据定理 3.1，可得相应的：

$$\tilde{f}(t_1,t_2;\mu,\sigma) = e^{-n(t_1/t_2-\mu)/\sigma}f_{2m-2}\left(\frac{2m}{\sigma t_2}\right)\left(\frac{2m}{\sigma t_2}\right)^3, t_1/t_2 > \mu, t_2 > 0。$$

从而定义：

$$C_k(t_1,t_2) = \{(\mu,\sigma):\tilde{f}(t_1,t_2;\mu,\sigma) \geqslant k\},$$

相应地，有：

$$|C_k^*(\mu,\sigma)| = \iint_{\tilde{f}(t_1,t_2;\mu,\sigma)\geqslant k} \mathrm{d}t_1\mathrm{d}t_2 = \iint_{\tilde{f}(\mu,\sigma;\tilde{t}_1,\tilde{t}_2)\geqslant k} \sigma \mathrm{d}\tilde{t}_1\mathrm{d}\tilde{t}_2 = \sigma|C_k(\mu,\sigma)|,$$

其中变量变换关系为：$t_1 = \mu - \sigma\tilde{t}_1 + \mu\tilde{t}_2$，$t_2 = \tilde{t}_2$，$t_1/t_2 > \mu$ 等价于 $\mu/\sigma > \tilde{t}_1$。此时，定理 3.1 中的三个条件均已满足，分别是：

（1）T 是 (μ, σ) 的充分统计量，且 $T(\mathcal{X}) = (-\infty, \infty)\times(0,\infty) = \Theta$；

（2）存在 $p(\theta) = n\sigma/(4m^2)$，使 $\tilde{f}(T;\theta)$ 为枢轴量；

（3）$|C_k^*(\theta)| = \sigma|C_k(\theta)|$。

因此，在限制条件 $|C^*(\mu,\sigma)| \leqslant \sigma|C(\mu,\sigma)|$ 下，参数 (μ, σ) 的置信水平为 $1-\alpha$ 的 MACR 表示为：

$$C_k(T_1,T_2) = \{(\mu,\sigma):\tilde{f}(T_1,T_2;\mu,\sigma) \geqslant k\},$$

进一步化简得出：

$$C_k(T_1,T_2) = \left\{(\mu,\sigma):g\left(\frac{mV}{n\sigma}\right)+\frac{X_1-\mu}{\sigma} \leqslant k_\alpha\right\} \tag{3.9}$$

其中 $X_1 \geqslant \mu$，$g(x) = x - \frac{m+1}{n}\ln x$，$k_\alpha$ 是待确定的临界值，且 k_α 与 k 的关系为：

$$k_\alpha = \frac{m+1}{n}\ln n + \frac{1}{n}\ln\left(\frac{4}{k \cdot \Gamma(m-1)}\right)。$$

进一步整理后，式（3.9）可表示为：

$$C_k(T_1,T_2):\begin{cases} X_1 + \left[g\left(\frac{mV}{n\sigma}\right) - k_\alpha\right]\sigma \leqslant \mu \leqslant X_1 \\ g\left(\frac{mV}{n\sigma}\right) \leqslant k_\alpha \end{cases} \tag{3.10}$$

由于 $g\left(\frac{mV}{n\sigma}\right) \leqslant k_\alpha$ 等价于 $k_1 \leqslant \frac{mV}{n\sigma} \leqslant k_2$ 且 $g(k_1) = g(k_2) = k_\alpha$，因此，（$\mu$，$\sigma$）的置信水平为 $1-\alpha$ 的 MACR 为：

$$C_k(T_1,T_2):\begin{cases} X_1 + \left[g\left(\frac{mV}{n\sigma}\right) - k_\alpha\right]\sigma \leqslant \mu \leqslant X_1 \\ \frac{mV}{nk_2} \leqslant \sigma \leqslant \frac{mV}{nk_1} \end{cases} \tag{3.11}$$

其中 $g(x) = x - \frac{m+1}{n}\ln x$，$g(k_1) = g(k_2) = k_\alpha$。因为 $g''(x) > 0$，所以 k_α 的值大于 $\min\limits_x g(x) = g\left(\frac{m+1}{n}\right)$。又因为：

$$\begin{aligned} 1-\alpha &= P[(\mu,\sigma) \in C_k(T_1,T_2)] \\ &= P\left[g\left(\frac{mV}{n\sigma}\right) + \frac{X_1-\mu}{\sigma} \leqslant k_\alpha\right] \\ &= \int_0^\infty\int_0^\infty 2n^2 f_{2m-2}(2nx)e^{-ny}\mathrm{d}x\mathrm{d}y \quad (\text{其中 } g(x) + y \leqslant k_\alpha) \\ &= \int_{k_1}^{k_2} 2nf_{2m-2}(2nx)\left[1 - e^{ng(x)-nk_\alpha}\right]\mathrm{d}x \\ &= F_{2m-2}(2nk_2) - F_{2m-2}(2nk_1) - \int_{k_1}^{k_2}\frac{n^{m-1}e^{-nk_\alpha}}{(m-2)!x^3}\mathrm{d}x \\ &= F_{2m-2}(2nk_2) - F_{2m-2}(2nk_1) + \frac{n^{m-1}e^{-nk_\alpha}}{2(m-2)!}(k_2^{-2} - k_1^{-2}) \end{aligned}$$

$$= F_{2m-2}(2nk_2) - F_{2m-2}(2nk_1) + ne^{n-nk_\alpha} f_{2m-2}(2n)(k_2^{-2} - k_1^{-2}),$$

所以，对给定的$0<\alpha<1$，利用$g(x) = x - \frac{m+1}{n}\ln x$，$g(k_1) = g(k_2) = k_\alpha$和

$$1 - \alpha = F_{2m-2}(2nk_2) - F_{2m-2}(2nk_1) + ne^{n-nk_\alpha} f_{2m-2}(2n)(k_2^{-2} - k_1^{-2}) \tag{3.12}$$

这三个条件可确定出临界值 k_α。表 3.1 列出了在不同样本容量和置信水平下 k_α 的计算值，其中置信水平的取值分别为 0.80，0.90，0.95，0.99，0.995，0.999。事实上，在 $m=n$，$r_1=r_2=\cdots=r_m=0$ 时，逐步删失样本 $X_1<X_2<\cdots<X_n$（有序样本）简化为完全样本 X_1，X_2，…，X_n（独立同分布样本），因此，Zhang（2018a）关于完全样本的结论属于本节内容的特殊情况。

表 3.1　　临界值 k_α 的计算结果

n	m	$1-\alpha$					
		0.80	0.90	0.95	0.99	0.995	0.999
20	10	1.020	1.069	1.117	1.224	1.269	1.372
	11	1.046	1.094	1.140	1.245	1.290	1.392
	12	1.067	1.115	1.160	1.264	1.308	1.408
	13	1.085	1.132	1.177	1.280	1.323	1.422
	14	1.100	1.146	1.191	1.292	1.335	1.433
	15	1.111	1.157	1.202	1.302	1.345	1.442
	18	1.129	1.174	1.217	1.316	1.357	1.453
	20	1.127	1.172	1.215	1.312	1.353	1.448
50	25	0.910	0.928	0.945	0.983	0.999	1.036
	30	0.966	0.983	1.000	1.038	1.054	1.090
	35	1.006	1.023	1.039	1.077	1.093	1.129
	40	1.032	1.049	1.065	1.102	1.118	1.154
	45	1.045	1.062	1.079	1.115	1.131	1.167
	50	1.048	1.065	1.081	1.118	1.134	1.169

续表

n	m	$1-\alpha$					
		0.80	0.90	0.95	0.99	0.995	0.999
100	55	0.909	0.917	0.925	0.944	0.951	0.969
	60	0.936	0.944	0.952	0.970	0.978	0.996
	80	1.004	1.013	1.021	1.039	1.047	1.064
	100	1.024	1.032	1.040	1.058	1.066	1.083
1000	150	0.439	0.440	0.440	0.442	0.443	0.445
	200	0.526	0.527	0.527	0.529	0.530	0.532
	500	0.850	0.850	0.851	0.853	0.854	0.855
	1000	1.002	1.003	1.004	1.006	1.006	1.008
∞	5000	0.919	0.919	0.919	0.920	0.920	0.920
	∞	1.000	1.000	1.001	1.001	1.001	1.001

3.3.2　基于第Ⅱ类双删失样本

设 $\boldsymbol{X} = (X_{r+1}, X_{r+2}, \cdots, X_{n-s})$ 是来自双参数指数分布 $Exp(\mu, \sigma)$ 的第Ⅱ类双删失样本，下面我们根据定理3.1的方法去找出参数 $\theta = (\mu, \sigma)$ 的MACR。为简化表达式，令：

$$V' = sX_{n-s} + \sum_{i=r+1}^{n-s} X_i - (n-r)X_{r+1},$$

Cramer和Kamps（2001）证明了（X_{r+1}，V'）是（μ，σ）的充分统计量，在3.2.2节中又知 X_{r+1} 与 V' 独立。因此，作为其等价统计量，$T' = (X_{r+1}/V', 1/V')$ 也是（μ，σ）的充分统计量。记 $Y_1' = (X_{r+1} - \mu)/\sigma \sim F_*$，$Y_2' = 2V'/\sigma \sim \chi^2_{2(n-r-s-1)}$，由于 Y_1' 与 Y_2' 独立，则（Y_1'，Y_2'）的联合概率密度函数为 $f_*(y_1')f_{2(n-r-s-1)}(y_2')$，其中 f_m 指卡方分布 χ^2_m 的概率密度函数。记 F_* 的概率密度函数为 f_*，其表达式为（参见文献 Wu，2007；Zhang，2013c）：

$$f_*(t) = \frac{n!}{r!(n-r-1)!}(1-e^{-t})^r(e^{-t})^{n-r}, t > 0。$$

于是，$T' = (T_1', T_2')$ 的概率密度函数为：

$$f(t_1',t_2';\mu,\sigma) = f_*\left(\frac{t_1'/t_2' - \mu}{\sigma}\right) f_{2(n-r-s-1)}\left(\frac{2}{\sigma t_2'}\right)\left|\frac{\partial(y_1',y_2')}{\partial(t_1',t_2')}\right|,$$

其中 $t_1'/t_2' \geqslant \mu$，$t_2' > 0$。由于 $Y_1' = (T_1'/T_2' - \mu)/\sigma$，$Y_2' = 2/(\sigma T_2')$，因此，雅可比行列式为 $\left|\frac{\partial(y_1',y_2')}{\partial(t_1',t_2')}\right| = \frac{2}{\sigma^2 (t_2')^3}$。根据定理3.1，可找出 $p(\theta) = \sigma/4$，使：

$$\tilde{f}(t_1',t_2';\mu,\sigma) = f_*\left(\frac{t_1'/t_2' - \mu}{\sigma}\right) f_{2(n-r-s-1)}\left(\frac{2}{\sigma t_2'}\right)\left(\frac{2}{\sigma t_2'}\right)^3, t_1'/t_2' \geqslant \mu, t_2' > 0,$$

为枢轴量。从而得到：

$$C_k(t_1',t_2') = \{(\mu,\sigma) : \tilde{f}(t_1',t_2';\mu,\sigma) \geqslant k'\},$$

且满足条件：

$$|C_k^*(\mu,\sigma)| = \iint_{\tilde{f}(t_1',t_2';\mu,\sigma)\geqslant k'} \mathrm{d}t_1'\mathrm{d}t_2' = \iint_{\tilde{f}(\mu,\sigma;\tilde{t}_1',\tilde{t}_2')\geqslant k'} \sigma \mathrm{d}\tilde{t}_1'\mathrm{d}\tilde{t}_2' = \sigma |C_k(\mu,\sigma)|,$$

其中，变量变换关系是 $t_1' = \mu - \sigma\tilde{t}_1' + \mu\tilde{t}_2', t_2' = \tilde{t}_2', t_1'/t_2' \geqslant \mu$ 等价于 $\mu/\sigma \geqslant \tilde{t}_1'$。于是，在满足限制条件 $|C^*(\mu,\sigma)| \leqslant \sigma |C(\mu,\sigma)|$ 下，(μ,σ) 的置信水平为 $1-\alpha$ 的 MACR 为：

$$C_k(T_1',T_2') = \{(\mu,\sigma) : \tilde{f}(T_1',T_2';\mu,\sigma) \geqslant k'\},$$

化简可得：

$$C_k(T_1',T_2') = \left\{(\mu,\sigma) : g_1\left(\frac{V'}{n\sigma}\right) + h_1\left(\frac{X_{r+1} - \mu}{\sigma}\right) \leqslant k_\alpha'\right\} \tag{3.13}$$

其中，$X_{r+1} \geqslant \mu$，$g_1(x) = x - \frac{n-r-s+1}{n}\ln x$，$h_1(x) = \frac{n-r}{n}x - \frac{r}{n}\ln(1-e^{-x})$，$k_\alpha'$ 是待确定的临界值，且 k_α' 与 k' 的关系为：

$$k_\alpha' = \frac{n-r-s+1}{n}\ln n + \frac{1}{n}\ln\left(\frac{4}{k' \cdot \Gamma(n-r-s+1)}\right) + \frac{1}{n}\ln\left(\frac{n!}{r!(n-r-1)!}\right)。$$

记 $k(V') \equiv k_\alpha' - g_1\left(\frac{V'}{n\sigma}\right)$，$\tilde{k} \equiv k_\alpha' - \min_x h_1(x)$，其中 $\min_x h_1(x) = h_1\left(\ln\frac{n}{n-r}\right)$，置信域（3.13）可展开为：

$$C_k(T_1',T_2'):\begin{cases} g_1\left(\dfrac{V'}{n\sigma}\right)\leqslant \tilde{k}, \\ h_1\left(\dfrac{X_{r+1}-\mu}{\sigma}\right)\leqslant k(V') \end{cases} \tag{3.14}$$

由于 $g_1\left(\dfrac{V'}{n\sigma}\right)\leqslant \tilde{k}$ 等价于 $\tilde{k}_1\leqslant \dfrac{V'}{n\sigma}\leqslant \tilde{k}_2, g_1(\tilde{k}_1)=g_2(\tilde{k}_2)=\tilde{k}$，$h_1\left(\dfrac{X_{r+1}-\mu}{\sigma}\right)\leqslant k(V')$ 等价于 $k_1(V')\leqslant \dfrac{X_{r+1}-\mu}{\sigma}\leqslant k_2(V')$ 且 $h_1(k_1(V'))=h_1(k_2(V'))=k(V')$，因此，进一步化简得到（$\mu$，$\sigma$）的置信水平为 $1-\alpha$ 的 MACR 为：

$$C_k(T_1',T_2'):\begin{cases} X_{r+1}-\sigma k_2(V')\leqslant \mu\leqslant X_{r+1}-\sigma k_1(V') \\ \dfrac{V'}{n\tilde{k}_2}\leqslant \sigma\leqslant \dfrac{V'}{n\tilde{k}_1} \end{cases} \tag{3.15}$$

由于 $[g_1(x)+h_1(x)]''>0$，因此，k_α' 的值应大于 $\min\limits_x[g_1(x)+h_1(x)]$。给定置信水平 $0<\alpha<1$，下面我们确定 k_α'的值。

由于：

$$\begin{aligned}
1-\alpha &= P[(\mu,\sigma)\in C_k(T_1',T_2')] \\
&= P\left[g_1\left(\frac{V'}{n\sigma}\right)+h_1\left(\frac{X_{r+1}-\mu}{\sigma}\right)\leqslant k_\alpha'\right] \\
&= \int_0^\infty\int_0^\infty 2nf_{2(n-r-s-1)}(2nx')f_*(y')\mathrm{d}x'\mathrm{d}y' \quad (\text{其中 } g_1(x')+h_1(y')\leqslant k_\alpha') \\
&= \int_{\tilde{k}_1}^{\tilde{k}_2}\int_{k_1(x')}^{k_2(x')} 2nf_{2(n-r-s-1)}(2nx')f_*(y')\mathrm{d}x'\mathrm{d}y' \\
&= \int_{\tilde{k}_1}^{\tilde{k}_2}\int_{k_1(x')}^{k_2(x')} 2nf_{2(n-r-s-1)}(2nx')\mathrm{d}x'\mathrm{d}F_*(y') \\
&= \int_{\tilde{k}_1}^{\tilde{k}_2} 2nf_{2(n-r-s-1)}(2nx')[F_*(k_2(x'))-F_*(k_1(x'))]\mathrm{d}x',
\end{aligned}$$

$$g_1(x)=x-\frac{n-r-s+1}{n}\ln x, g_1(\tilde{k}_1)=g_2(\tilde{k}_2)=\tilde{k},$$

以及：

$$h_1(x)=\frac{n-r}{n}x-\frac{r}{n}\ln(1-e^{-x}), h_1(k_1(x'))=h_1(k_2(x'))=k_\alpha'-g_1\left(\frac{x'}{n\sigma}\right),$$

因此，利用R语言编程即可计算出k'_α的值。特别地，当$r=0$时，第Ⅱ类双删失样本$X_{r+1}<X_{r+2}<\cdots<X_{n-s}$即退化为第Ⅱ类右删样本$X_1<X_2<\cdots<X_{n-s}$，此时，$(\mu,\sigma)$的置信水平为$1-\alpha$的MACR为：

$$C_k(T'_1,T'_2):\begin{cases}X_1+\sigma\left[g_1\left(\dfrac{V'}{n\sigma}\right)-k'_\alpha\right]\leqslant\mu\leqslant X_1\\ \dfrac{V'}{nk'_2}\leqslant\sigma\leqslant\dfrac{V'}{nk'_1}\end{cases}\tag{3.16}$$

其中，$g_1(x)=x-\dfrac{n-s+1}{n}\ln x, g_1(k'_1)=g_2(k'_2)=k'_\alpha, k'_\alpha>\min\limits_x g_1(x)=g_1\left(\dfrac{n-s+1}{n}\right)$。对于给定的$0<\alpha<1$，$k'_\alpha$的值根据等式：

$$1-\alpha=F_{2(n-s-1)}(2nk'_2)-F_{2(n-s-1)}(2nk'_1)+ne^{n-nk'_\alpha}f_{2(n-s-1)}(2n)\left[(k'_2)^{-2}-(k'_1)^{-2}\right],$$

和$g_1(x)=x-\dfrac{n-s+1}{n}\ln x, g_1(k'_1)=g_2(k'_2)=k'_\alpha$即可确定，表3.2列出了临界值$k'_\alpha$的计算结果。

表3.2　　临界值k'_α的计算结果（其中$r=0$）

n	s	$1-\alpha$					
		0.80	0.90	0.95	0.99	0.995	0.999
10	1	1.289	1.389	1.486	1.704	1.796	2.007
	2	1.292	1.394	1.494	1.717	1.812	2.028
	3	1.286	1.392	1.494	1.725	1.823	2.046
	5	1.249	1.366	1.480	1.736	1.845	2.093
20	1	1.129	1.174	1.217	1.315	1.356	1.451
	3	1.126	1.171	1.215	1.314	1.355	1.452
	5	1.111	1.157	1.202	1.302	1.345	1.442
	7	1.085	1.132	1.177	1.280	1.323	1.422
	9	1.046	1.094	1.140	1.245	1.290	1.392
	10	1.020	1.069	1.117	1.224	1.269	1.372

续表

n	s	$1-\alpha$					
		0.80	0.90	0.95	0.99	0.995	0.999
50	5	1.045	1.062	1.079	1.115	1.131	1.167
	10	1.032	1.049	1.065	1.102	1.118	1.154
	15	1.006	1.023	1.039	1.077	1.093	1.129
	20	0.966	0.983	1.000	1.038	1.054	1.090
	25	0.910	0.928	0.945	0.983	0.999	1.036
100	10	1.020	1.028	1.036	1.054	1.062	1.079
	20	1.005	1.013	1.021	1.039	1.047	1.064
	30	0.977	0.985	0.993	1.012	1.019	1.037
	40	0.936	0.944	0.952	0.970	0.978	0.996
	50	0.878	0.886	0.894	0.913	0.920	0.938
1000	100	0.997	0.998	0.999	1.001	1.001	1.003
	200	0.981	0.982	0.983	0.984	0.985	0.987
	300	0.952	0.953	0.954	0.956	0.957	0.958
	400	0.909	0.910	0.911	0.913	0.913	0.915
	500	0.850	0.850	0.851	0.853	0.854	0.855
∞	100	1.000	1.000	1.000	1.000	1.000	1.000
	500	1.000	1.000	1.000	1.000	1.000	1.000

当 $r=s=0$ 时，第Ⅱ类双删失样本 $X_{r+1}<X_{r+2}<\cdots<X_{n-s}$ 退化为完全样本 $X_1<X_2<\cdots<X_n$，此时式（3.15）中的 MACR 与 Zhang（2018a）的 MVCS 是一致的，这说明我们所得到的结果比 Zhang（2018a）的结果更具有一般性。

3.4 比较研究

本节我们将通过估计效率比较各种置信域的优劣。对（μ，σ）的置信水平为 $1-\alpha$ 的置信域 $C(\boldsymbol{X})$，定义其估计效率为：

$$e(C(\boldsymbol{X})) = \frac{|C_k(T(\boldsymbol{X}))|}{|C(\boldsymbol{X})|},$$

其中 $C_k(T(\boldsymbol{X}))$ 是式（3.11）和式（3.16）中（μ，σ）的置信水平为 $1-\alpha$ 的 MACR。

首先，以第Ⅱ类逐步删失样本为例，计算式（3.11）中的 MACR、式（3.2）与式（3.4）中的经典置信域的估计效率。

首先，式（3.2）中经典置信域的面积为：

$$\int_{2mV/(\chi^2_{2m-2}(1-\alpha''_1))}^{2mV/(\chi^2_{2m-2}(\alpha''_2))} \frac{\sigma}{n}\ln\left(\frac{1-\alpha'_2}{\alpha'_1}\right)\mathrm{d}\sigma = \frac{2m^2V^2}{n}\ln\left(\frac{1-\alpha'_2}{\alpha'_1}\right)[(\chi^2_{2m-2}(\alpha''_2))^{-2} - (\chi^2_{2m-2}(1-\alpha''_1))^{-2}],$$

其中 $V = \frac{1}{m}[\sum_{i=1}^{m}(r_i+1)X_i - nX_1]$。当 $\alpha'_1 = \alpha'$ 和 $\alpha'_2 = 0$ 时，$\ln\left(\frac{1-\alpha'_2}{\alpha'_1}\right)$ 取得最小值。于是，（μ，σ）的置信水平为 $1-\alpha$ 的经优化后的置信域（Opt1）为：

$$\begin{cases} X_1 + \dfrac{\sigma\ln\alpha'}{n} \leqslant \mu \leqslant X_1 \\ \dfrac{2mV}{\chi^2_{2m-2}(1-\alpha''_1)} \leqslant \sigma \leqslant \dfrac{2mV}{\chi^2_{2m-2}(\alpha''-\alpha''_1)} \end{cases} \tag{3.17}$$

其中 α' 和 α''_1 的值是根据面积：

$$\frac{2m^2V^2}{n}\ln\alpha'[(\chi^2_{2m-2}(1-\alpha''_1))^{-2} - (\chi^2_{2m-2}(\alpha''-\alpha''_1))^{-2}],$$

在区域 $0 < \alpha' < \alpha, 0 < \alpha''_1 < \alpha'' = (\alpha-\alpha')/(1-\alpha')$ 内达到最小值来确定的。当 $r_1 = r_2 = \cdots = r_{m-1} = 0$ 和 $r_m = n-m$ 时，这就是第Ⅱ类删失的一种特殊情况，相应的置信域（3.17）即为 Hayter（2012）得到的双参数指数分布参数的最小面积置信集。

其次，式（3.4）中经典置信域的面积为：

$$\int_{X_1+\frac{mV}{n}[1-(\alpha''_1)^{\frac{-1}{m-1}}]}^{X_1+\frac{mV}{n}[1-(1-\alpha''_2)^{\frac{-1}{m-1}}]} 2(mV+nX_1-n\mu)[(\chi^2_{2m}(\alpha'_2))^{-1} - (\chi^2_{2m}(1-\alpha'_1))^{-1}]\mathrm{d}\mu$$

$$= \frac{m^2V^2}{n}[(\alpha''_1)^{\frac{-2}{m-1}} - (1-\alpha''_2)^{\frac{-2}{m-1}}][(\chi^2_{2m}(\alpha'_2))^{-1} - (\chi^2_{2m}(1-\alpha'_1))^{-1}]。$$

当 $\alpha''_1 = \alpha''$ 和 $\alpha''_2 = 0$ 时，$(\alpha''_1)^{\frac{-2}{m-1}} - (1-\alpha''_2)^{\frac{-2}{m-1}}$ 取到最小值。从而，式

(3.4) 中 $(\mu,\ \sigma)$ 的置信水平为 $1-\alpha$ 的经优化后的置信域 (Opt2) 为:

$$\begin{cases} X_1 + \dfrac{mV}{n}\left[1 - (\alpha'')^{\frac{-1}{m-1}}\right] \leqslant \mu \leqslant X_1 \\ \dfrac{2(mV + nX_1 - n\mu)}{\chi^2_{2m}(1 - \alpha'_1)} \leqslant \sigma \leqslant \dfrac{2(mV + nX_1 - n\mu)}{\chi^2_{2m}(\alpha' - \alpha'_1)} \end{cases} \tag{3.18}$$

其中α''和α'_1 的取值要使面积 $\frac{m^2V^2}{n}\left[(\alpha'')^{\frac{-2}{m-1}} - 1\right]\left[(\chi^2_{2m}(\alpha' - \alpha'_1))^{-1} - (\chi^2_{2m}(1 - \alpha'_1))^{-1}\right]$ 在区域$0 < \alpha'' < \alpha,\ 0 < \alpha'_1 < \alpha' = (\alpha - \alpha'')/(1 - \alpha'')$ 内达到最小值。

最后，式 (3.11) 中 $(\mu,\ \sigma)$ 的置信水平为 $1-\alpha$ 的 MACR 面积为:

$$\begin{aligned} |C_k(T(\boldsymbol{X}))| &= \int_{mV/nk_2}^{mV/nk_1}\left[k_\alpha - g\left(\frac{mV}{n\sigma}\right)\right]\sigma \mathrm{d}\sigma \\ &= \frac{m^2V^2}{n^2}\int_{k_1}^{k_2}[k_\alpha - g(x)]x^{-3}\mathrm{d}x \\ &= \frac{m^2V^2}{n^2}\left[\frac{1}{x} - \frac{1}{2x^2}\left(k_\alpha + \frac{m+1}{2n} + \frac{m+1}{n}\ln x\right)\right]_{k_1}^{k_2}。\end{aligned}$$

根据定理3.1可知 $C_k(T(\boldsymbol{X}))$ 是 $\theta = (\mu,\ \sigma)$ 的置信水平为 $1-\alpha$ 的 MACR，对任何置信水平为 $1-\alpha$ 的置信域 $C(T)$ 而言，$C(T)$ 包含了式 (3.2) 中任意的经典置信域。

事实上，令 $C(T)$ 为式 (3.2) 中的置信域，其中 $T = (T_1, T_2) = (X_1/V, 1/V)$，则:

$$|C(t)| = \frac{2m^2V^2}{n}\ln\left(\frac{1 - \alpha'_2}{\alpha'_1}\right)\left[(\chi^2_{2m-2}(\alpha''_2))^{-2} - (\chi^2_{2m-2}(1 - \alpha''_1))^{-2}\right],$$

$$|C(\theta)| = \frac{2m^2\sigma^{-2}}{n}\ln\left(\frac{1 - \alpha'_2}{\alpha'_1}\right)\left[(\chi^2_{2m-2}(\alpha''_2))^{-2} - (\chi^2_{2m-2}(1 - \alpha''_1))^{-2}\right],$$

$$\begin{aligned} |C^*(\theta)| &= \int_{2m/(\sigma\chi^2_{2m-2}(1-\alpha''_1))}^{2m/(\sigma\chi^2_{2m-2}(\alpha''_2))} \frac{\sigma t_2}{n}\ln\left(\frac{1 - \alpha'_2}{\alpha'_1}\right)\mathrm{d}t_2 \\ &= \frac{2m^2\sigma^{-1}}{n}\ln\left(\frac{1 - \alpha'_2}{\alpha'_1}\right)\left[(\chi^2_{2m-2}(\alpha''_2))^{-2} - (\chi^2_{2m-2}(1 - \alpha''_1))^{-2}\right] \\ &= \sigma\,|C(\theta)|。\end{aligned}$$

因为 $|C^*(\theta)| = \sigma|C(\theta)|$，满足了限制条件 $|C^*(\theta)| \leqslant \sigma|C(\theta)|$，$\theta \in \Theta$，所以 $|C_k(T)| \leqslant |C(T)|$，$C_k(T(\boldsymbol{X}))$ 的面积最小。

记 EE1、EE2 分别代表式（3.5）、式（3.6）中“等尾”和“等概率”置信域，Opt1、Opt2 分别表示式（3.17）、式（3.18）中经优化后的置信域，则：

$$e(\mathrm{EE1}) = \frac{\left[\frac{1}{x} - \frac{1}{2x^2}\left(k_\alpha + \frac{m+1}{2n} + \frac{m+1}{n}\ln x\right)\right]_{k_1}^{k_2}}{2n\ln\left(\frac{2-\alpha'}{\alpha'}\right)\left[\left(\chi^2_{2m-2}(\alpha''/2)\right)^{-2} - \left(\chi^2_{2m-2}(1-\alpha''/2)\right)^{-2}\right]},$$

$$e(\mathrm{EE2}) = \frac{\left[\frac{1}{x} - \frac{1}{2x^2}\left(k_\alpha + \frac{m+1}{2n} + \frac{m+1}{n}\ln x\right)\right]_{k_1}^{k_2}}{n\left[(\alpha''/2)^{\frac{-2}{m-1}} - (1-\alpha''/2)^{\frac{-2}{m-1}}\right]\left[\left(\chi^2_{2m}(\alpha'/2)\right)^{-1} - \left(\chi^2_{2m}(1-\alpha'/2)\right)^{-1}\right]},$$

$$e(\mathrm{Opt1}) = \frac{\left[\frac{1}{x} - \frac{1}{2x^2}\left(k_\alpha + \frac{m+1}{2n} + \frac{m+1}{n}\ln x\right)\right]_{k_1}^{k_2}}{2n\ln\alpha'\left[\left(\chi^2_{2m-2}(1-\alpha''_1)\right)^{-2} - \left(\chi^2_{2m-2}(\alpha''-\alpha''_1)\right)^{-2}\right]},$$

$$e(\mathrm{Opt2}) = \frac{\left[\frac{1}{x} - \frac{1}{2x^2}\left(k_\alpha + \frac{m+1}{2n} + \frac{m+1}{n}\ln x\right)\right]_{k_1}^{k_2}}{\left[(\alpha'')^{\frac{-2}{m-1}} - 1\right]\left[\left(\chi^2_{2m}(\alpha'-\alpha'_1)\right)^{-1} - \left(\chi^2_{2m}(1-\alpha'_1)\right)^{-1}\right]}。$$

根据置信域 EE1、EE2、Opt1、Opt2 估计效率的表达式可知，估计效率均不依赖于样本数据 $\boldsymbol{X}$。因此，在比较置信域的估计效率大小时，不需要模拟样本数据，取 n 的值为 10，50，100，500，1000，5000，取 $1-\alpha$ 的值为 0.90，0.95，0.99，0.999，对于 n 和 $1-\alpha$ 的不同组合，估计效率的计算结果在表 3.3 中列出，由表 3.3 得出结论，无论置信水平、样本容量、样本数据取何值，均有：

（1）所有估计效率值介于 0.005 和 0.916 之间，均小于 1，说明 MACR 的面积最小，MACR 是一致最优置信域。

（2）“等尾”和“等概率”置信域的估计效率值在 0.005 和 0.758 之间，具有较低的估计效率，说明估计的精确度较低。

表 3.3　第Ⅱ类逐步删失情形下的估计效率

n	m	$1-\alpha=0.90$				$1-\alpha=0.95$			
		e(EE1)	e(EE2)	e(Opt1)	e(Opt2)	e(EE1)	e(EE2)	e(Opt1)	e(Opt2)
10	2	0.055	0.050	0.578	0.432	0.047	0.035	0.510	0.310
	3	0.201	0.219	0.689	0.658	0.186	0.186	0.620	0.555
	5	0.381	0.420	0.781	0.794	0.367	0.398	0.724	0.730
	8	0.502	0.540	0.834	0.850	0.494	0.531	0.789	0.807
50	5	0.381	0.420	0.781	0.794	0.367	0.398	0.724	0.730
	10	0.545	0.580	0.851	0.866	0.540	0.575	0.811	0.830
	20	0.637	0.658	0.884	0.894	0.639	0.662	0.855	0.868
	40	0.685	0.697	0.901	0.905	0.692	0.705	0.877	0.884
100	10	0.545	0.580	0.851	0.866	0.540	0.575	0.811	0.829
	20	0.637	0.658	0.884	0.894	0.639	0.662	0.855	0.868
	40	0.685	0.697	0.901	0.905	0.692	0.705	0.877	0.884
	70	0.706	0.713	0.907	0.910	0.715	0.723	0.887	0.891
500	50	0.695	0.704	0.904	0.908	0.703	0.714	0.882	0.887
	100	0.715	0.720	0.910	0.912	0.725	0.731	0.890	0.893
	200	0.725	0.727	0.913	0.914	0.736	0.739	0.895	0.896
	400	0.730	0.731	0.915	0.915	0.742	0.743	0.897	0.898
1000	100	0.715	0.720	0.910	0.912	0.725	0.731	0.890	0.893
	200	0.725	0.727	0.913	0.914	0.736	0.739	0.895	0.896
	400	0.730	0.731	0.915	0.915	0.742	0.743	0.897	0.898
	700	0.732	0.733	0.915	0.916	0.744	0.745	0.898	0.898
5000	500	0.731	0.732	0.915	0.915	0.743	0.744	0.897	0.898
	1000	0.733	0.734	0.916	0.916	0.745	0.746	0.898	0.899
	2000	0.734	0.734	0.916	0.916	0.746	0.747	0.899	0.899
	4000	0.735	0.735	0.916	0.916	0.747	0.747	0.899	0.899

续表

n	m	$1-\alpha=0.99$				$1-\alpha=0.999$			
		e(EE1)	e(EE2)	e(Opt1)	e(Opt2)	e(EE1)	e(EE2)	e(Opt1)	e(Opt2)
10	2	0.035	0.015	0.395	0.137	0.025	0.005	0.264	0.038
	3	0.153	0.118	0.496	0.351	0.117	0.057	0.357	0.157
	5	0.327	0.330	0.610	0.585	0.271	0.233	0.469	0.392
	8	0.460	0.489	0.694	0.710	0.404	0.411	0.568	0.570
50	5	0.327	0.330	0.610	0.585	0.271	0.233	0.469	0.392
	10	0.511	0.544	0.725	0.747	0.458	0.479	0.610	0.630
	20	0.625	0.653	0.793	0.813	0.588	0.620	0.712	0.742
	40	0.689	0.706	0.829	0.841	0.6670	0.690	0.768	0.790
100	10	0.511	0.544	0.725	0.747	0.458	0.479	0.610	0.630
	20	0.625	0.653	0.793	0.813	0.588	0.620	0.712	0.742
	40	0.689	0.706	0.829	0.841	0.667	0.690	0.768	0.790
	70	0.718	0.729	0.845	0.853	0.704	0.719	0.797	0.810
500	50	0.702	0.717	0.837	0.847	0.684	0.703	0.781	0.799
	100	0.730	0.737	0.852	0.857	0.720	0.731	0.808	0.817
	200	0.744	0.748	0.859	0.862	0.738	0.744	0.821	0.825
	400	0.751	0.753	0.863	0.864	0.748	0.751	0.827	0.830
1000	100	0.730	0.737	0.852	0.857	0.720	0.731	0.808	0.817
	200	0.744	0.748	0.859	0.862	0.738	0.744	0.821	0.825
	400	0.751	0.753	0.863	0.864	0.748	0.751	0.827	0.830
	700	0.754	0.755	0.865	0.865	0.752	0.754	0.830	0.831
5000	500	0.752	0.754	0.864	0.865	0.750	0.752	0.828	0.830
	1000	0.755	0.756	0.865	0.866	0.754	0.755	0.831	0.832
	2000	0.757	0.757	0.866	0.866	0.756	0.756	0.832	0.832
	4000	0.758	0.758	0.866	0.867	0.757	0.757	0.833	0.833

其次，对于第Ⅱ类双删失样本，为简便起见，考虑当 $r=0$ 时，样本 $X_{r+1}<X_{r+2}<\cdots<X_{n-s}$ 退化为第Ⅱ类右删失样本 $X_1<X_2<\cdots<X_{n-s}$。此时，式（3.7）中经典置信域的面积为：

$$\int_{2V'/\chi^2_{2(n-s-1)}(1-\alpha''_1)}^{2V'/\chi^2_{2(n-s-1)}(\alpha''_2)} \frac{\sigma}{n}\ln\left(\frac{1-\alpha'_2}{\alpha'_1}\right)\mathrm{d}\sigma = \frac{2(V')^2}{n}\ln\left(\frac{1-\alpha'_2}{\alpha'_1}\right)[(\chi^2_{2(n-s-1)}(\alpha''_2))^{-2} - (\chi^2_{2(n-s-1)}(1-\alpha''_1))^{-2}],$$

其中 $V' = sX_{n-s} + \sum_{i=1}^{n-s} X_i - nX_1$，当 $\alpha'_1 = \alpha'$ 和 $\alpha'_2 = 0$ 时，$\ln\left(\frac{1-\alpha'_2}{\alpha'_1}\right)$ 取到最小值。所以式（3.7）中经优化后的置信水平为 $1-\alpha$ 的置信域（Opt）为：

$$\begin{cases} X_1 + \dfrac{\sigma\ln\alpha'}{n} \leqslant \mu \leqslant X_1 \\ \dfrac{2V'}{\chi^2_{2(n-s-1)}(1-\alpha''_1)} \leqslant \sigma \leqslant \dfrac{2V'}{\chi^2_{2(n-s-1)}(\alpha''-\alpha''_1)} \end{cases} \tag{3.19}$$

其中 α' 和 α''_1 的取值要使面积

$$\frac{2(V')^2}{n}\ln\alpha'[(\chi^2_{2(n-s-1)}(1-\alpha''_1))^{-2} - (\chi^2_{2(n-s-1)}(\alpha''-\alpha''_1))^{-2}]$$

在区域 $0 < \alpha' < \alpha, 0 < \alpha''_1 < \alpha'' = (\alpha-\alpha')/(1-\alpha')$ 内达到最小值。

相应地，式（3.7）中置信水平为 $1-\alpha$ 的"等尾"和"等概率"置信域（EE）为：

$$\begin{cases} X_1 + \dfrac{\sigma\ln\alpha_1}{n} \leqslant \mu \leqslant X_1 + \dfrac{\sigma\ln\alpha_2}{n} \\ \dfrac{2V'}{\chi^2_{2(n-s-1)}(\alpha_2)} \leqslant \sigma \leqslant \dfrac{2V'}{\chi^2_{2(n-s-1)}(\alpha_1)} \end{cases} \tag{3.20}$$

其中 $\alpha_1 = \dfrac{1-\sqrt{1-\alpha}}{2}$，$\alpha_2 = \dfrac{1+\sqrt{1-\alpha}}{2}$，其面积为

$$\frac{2(V')^2}{n}\ln\frac{\alpha_2}{\alpha_1}[(\chi^2_{2(n-s-1)}(\alpha_1))^{-2} - (\chi^2_{2(n-s-1)}(\alpha_2))^{-2}]。$$

当 $r=0$ 时，式（3.16）中 MACR 的面积为 $C_k(T'_1, T'_2)$：

$$\begin{aligned} |C_k(T'(X))| &= \int_{V'/nk'_2}^{V'/nk'_1}\left[k'_\alpha - g_1\left(\frac{V'}{n\sigma}\right)\right]\sigma\mathrm{d}\sigma \\ &= \frac{(V')^2}{n^2}\int_{k'_1}^{k'_2}[k'_\alpha - g(x)]x^{-3}\mathrm{d}x \\ &= \frac{(V')^2}{n^2}\left[\frac{1}{x} - \frac{1}{2x^2}\left(k'_\alpha + \frac{n-s+1}{2n} + \frac{n-s+1}{n}\ln x\right)\right]_{k'_1}^{k'_2}。\end{aligned}$$

因此，根据估计效率的定义得：

$$e(\mathrm{EE})=\frac{\left[\frac{1}{x}-\frac{1}{2x^{2}}\left(k'_{\alpha}+\frac{n-s+1}{2n}+\frac{n-s+1}{n}\ln x\right)\right]_{k'_1}^{k'_2}}{2n\ln\left(\frac{\alpha_2}{\alpha_1}\right)\left[\left(\chi^{2}_{2(n-s-1)}(\alpha_1)\right)^{-2}-\left(\chi^{2}_{2(n-s-1)}(\alpha_2)\right)^{-2}\right]},$$

$$e(\mathrm{Opt})=\frac{\left[\frac{1}{x}-\frac{1}{2x^{2}}\left(k'_{\alpha}+\frac{n-s+1}{2n}+\frac{n-s+1}{n}\ln x\right)\right]_{k'_1}^{k'_2}}{2n\ln\alpha'\left[\left(\chi^{2}_{2(n-s-1)}(1-\alpha''_1)\right)^{-2}-\left(\chi^{2}_{2(n-s-1)}(\alpha''-\alpha''_1)\right)^{-2}\right]}。$$

同理地，估计效率的表达式仍然与样本 X 无关。因此，不需要模拟样本数据就可比较估计效率的大小。取 $n=10$，20，50，100，500，1000 和 $1-\alpha=0.90$，0.95，0.99，0.999 的不同组合，表 3.4 列出了估计效率的计算结果。由表 3.4 得出结论：无论置信水平、样本容量、样本数据取何值，均有：

（1）所有估计效率值介于 0.271 和 0.915 之间，均小于 1，说明 MACR 是一致最精确的置信集。

（2）“等尾”和“等概率”置信域（EE）具有较低的估计效率，其值介于 0.271 和 0.755 之间。

表 3.4　　第Ⅱ类右删失情形下的估计效率

n	s	$1-\alpha=0.90$		$1-\alpha=0.95$		$1-\alpha=0.99$		$1-\alpha=0.999$	
		e(EE)	e(Opt)	e(EE)	e(Opt)	e(EE)	e(Opt)	e(EE)	e(Opt)
10	1	0.526	0.843	0.519	0.801	0.487	0.711	0.433	0.591
	2	0.502	0.834	0.494	0.789	0.460	0.694	0.404	0.568
	3	0.472	0.821	0.462	0.773	0.425	0.672	0.368	0.542
	5	0.381	0.781	0.367	0.724	0.326	0.610	0.271	0.469
20	3	0.620	0.879	0.621	0.847	0.603	0.780	0.563	0.692
	5	0.606	0.873	0.605	0.840	0.585	0.769	0.541	0.675
	7	0.587	0.867	0.584	0.831	0.561	0.756	0.514	0.654
	10	0.545	0.851	0.540	0.811	0.511	0.725	0.458	0.610

续表

n	s	$1-\alpha=0.90$		$1-\alpha=0.95$		$1-\alpha=0.99$		$1-\alpha=0.999$	
		e(EE)	e(Opt)	e(EE)	e(Opt)	e(EE)	e(Opt)	e(EE)	e(Opt)
50	5	0.691	0.902	0.698	0.880	0.696	0.833	0.676	0.775
	10	0.685	0.901	0.692	0.877	0.689	0.829	0.667	0.768
	20	0.669	0.895	0.674	0.870	0.667	0.817	0.640	0.748
	25	0.656	0.891	0.660	0.864	0.650	0.807	0.619	0.736
100	20	0.710	0.908	0.719	0.888	0.723	0.848	0.711	0.802
	30	0.706	0.907	0.715	0.887	0.718	0.845	0.704	0.797
	40	0.702	0.906	0.710	0.885	0.711	0.842	0.696	0.790
	50	0.695	0.904	0.703	0.882	0.702	0.837	0.684	0.781
500	50	0.731	0.915	0.742	0.897	0.752	0.863	0.749	0.827
	100	0.730	0.915	0.742	0.897	0.751	0.863	0.748	0.827
	200	0.728	0.914	0.740	0.896	0.749	0.862	0.745	0.825
	250	0.727	0.914	0.738	0.896	0.747	0.861	0.742	0.823
1000	200	0.733	0.915	0.745	0.898	0.755	0.865	0.753	0.830
	300	0.732	0.915	0.744	0.898	0.754	0.865	0.752	0.829
	400	0.732	0.915	0.744	0.898	0.753	0.864	0.751	0.829
	500	0.731	0.915	0.743	0.897	0.752	0.864	0.750	0.828

3.5 实例分析

【实例1】

这是一组来自 Lawless（1982）关于白血病药物治疗的数据，白血病人通过某种药物治疗后的缓解持续时间（以年为单位）为：

1.013，1.034，1.109，1.266，1.509，1.533，1.563，1.929，1.965，2.061，2.344，2.546，2.626，

该样本的均值是 $\bar{X}=1.6922$，$X_1=1.013$。Wu（2010）将此数据作为来自双参数指数分布 $Exp(\mu,\sigma)$ 的第Ⅱ类逐步删失样本 $X_1<X_2<\cdots<X_m$，其中 $n=20$，$m=13$，$(r_1,r_2,\cdots,r_{13})=(1,1,0,\cdots,0,5)$，从

而，式（3.5）中（μ，σ）的置信水平为95%的置信域（EE1）为：

$$\begin{cases}1.013-0.218\sigma\leqslant\mu\leqslant1.013-0.0006\sigma\\0.828\leqslant\sigma\leqslant3.104,\end{cases}$$

该置信域的面积为0.975；式（3.6）中（μ，σ）的置信水平为95%的置信域（EE2）为：

$$\begin{cases}0.631\leqslant\mu\leqslant1.012\\1.686-0.895\mu\leqslant\sigma\leqslant5.986-3.178\mu,\end{cases}$$

置信域的面积为0.926。

根据定理3.1得到置信水平为95%的MACR为：

$$\begin{cases}1.884-1.080\sigma+0.7\sigma\ln\sigma\leqslant\mu\leqslant1.013\\0.611\leqslant\sigma\leqslant3.156,\end{cases}$$

其面积为0.570。图3.1、图3.2和图3.3显示了（μ，σ）在不同置信水平下的置信域，由这些图可知，MACR具有最小的面积和更好的形状，所以MACR是最优置信域。

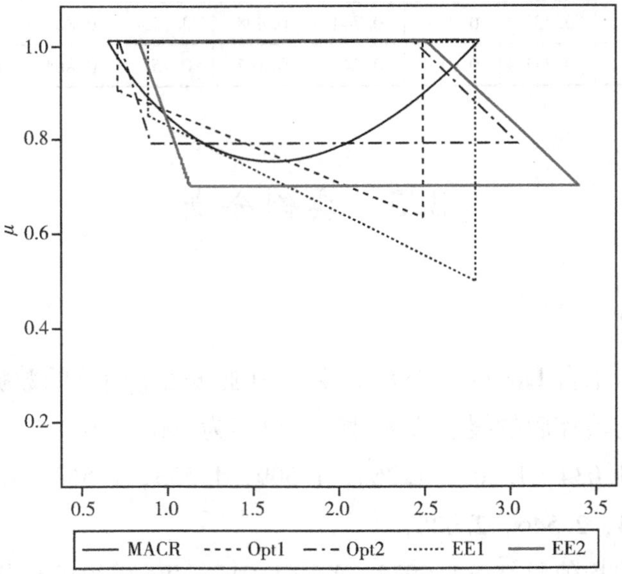

图3.1　在90%的置信水平下（μ，σ）的MACR和经典置信域

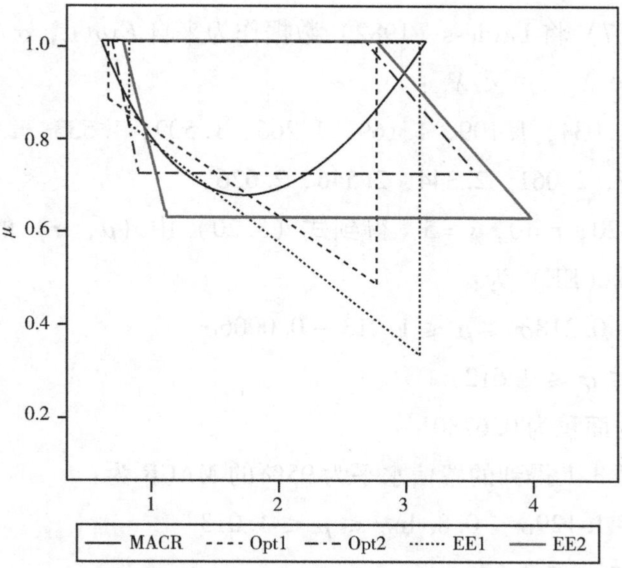

图 3.2 在 95% 的置信水平下 (μ, σ) 的 MACR 和经典置信域

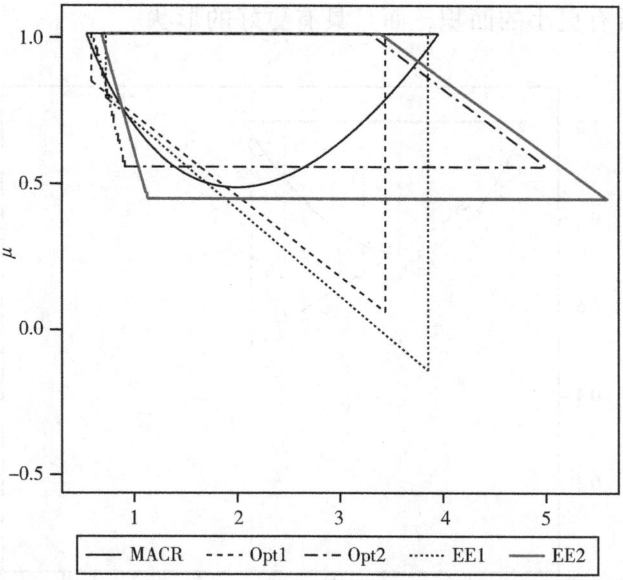

图 3.3 在 99% 的置信水平下 (μ, σ) 的 MACR 和经典置信域

【实例2】

Wu（2007）将 Lawless（1982）数据作为来自 $Exp(\mu,\sigma)$ 的第Ⅱ类右删失样本 $X_1 < X_2 < \cdots < X_{15}$：

1.013，1.034，1.109，1.169，1.266，1.509，1.533，1.563，1.716，1.929，1.965，2.061，2.344，2.546，2.626，

其中 $n=20$，$r=0$，$s=5$，得到式（3.20）中（μ，σ）的置信水平为 95% 的置信域（EE）为：

$$\begin{cases}1.013-0.218\sigma\leqslant\mu\leqslant 1.013-0.0006\sigma\\0.771\leqslant\sigma\leqslant 2.612,\end{cases}$$

置信域的面积为 0.67801。

根据定理 3.1 得到的置信水平为 95% 的 MACR 为：

$$\begin{cases}1.926-1.129\sigma+0.8\sigma\ln\sigma\leqslant\mu\leqslant 1.013\\0.587\leqslant\sigma\leqslant 2.676,\end{cases}$$

面积大小为 0.410。图 3.4 描绘了（μ，σ）的置信域，由图 3.4 可得，MACR 不仅具有更小的面积，而且具有更好的形状。

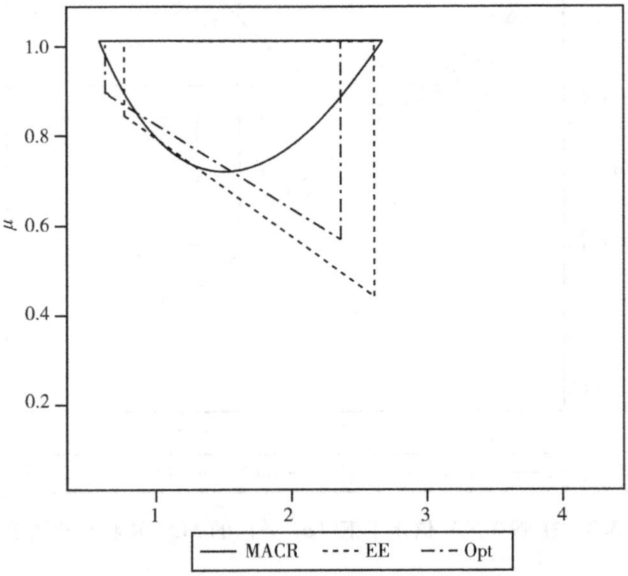

图 3.4 （μ，σ）的置信水平为 95% 的置信域 MACR、EE 和 Opt

3.6 定理的证明

本节我们将对定理3.1进行证明。

证：假设 $C(T)$ 为 θ 的任意一个置信水平为 $1-\alpha$ 的置信域，满足 $|C^*(\theta)| = q(\theta)|C(\theta)|$，那么，对任意的 $\theta \in \Theta$，有：

$$1-\alpha \leqslant P[\theta \in C(T)] = P[\theta \in C^*(\theta)]$$
$$= kp(\theta)|C^*(\theta)| + \int_{C^*(\theta)} [f(t;\theta) - kp(\theta)\mathrm{d}t。$$

又因 $P[\theta \in C_k(T)] = 1-\alpha$，则：

$$0 \leqslant P[\theta \in C(T)] - P[\theta \in C_k(T)]$$
$$= kp(\theta)[|C^*(\theta)| - |C_k^*(\theta)|] + d_k(\theta),$$

其中 $d_k(\theta) = \left(\int_{C^*(\theta)} - \int_{C_k^*(\theta)}\right)[f(t;\theta) - kp(\theta)]\mathrm{d}t$。

由于 $C^*(\theta) = \{t:\theta \in C(t)\}$，根据 $C_k(T)$ 的定义可知：当 $\theta \in C_k(t)$ 时，$f(t;\theta) - kp(\theta) \geqslant 0$；当 $\theta \in \overline{C_k(t)}$ 时，$f(t;\theta) - kp(\theta) \leqslant 0$，因此有：

$$d_k(\theta) = \left(\int_{C^*(\theta)} - \int_{C_k^*(\theta)}\right)[f(t;\theta) - kp(\theta)]\mathrm{d}t$$
$$= \left(\int_{\theta \in C(t)} - \int_{\theta \in C_k(t)}\right)[f(t;\theta) - kp(\theta)]\mathrm{d}t$$
$$= \left(\int_{\theta \in C(t) \cap \overline{C_k(t)}} - \int_{\theta \in C_k(t) \cap \overline{C_k(t)}}\right)[f(t;\theta) - kp(\theta)]\mathrm{d}t \leqslant 0,$$

其中 $\overline{C}$ 指集合 C 的补集，又因 $|C^*(\theta)| \leqslant q(\theta)|C(\theta)|$，从而

$$0 \leqslant P[\theta \in C(T)] - P[\theta \in C_k(T)]$$
$$= kp(\theta)[|C^*(\theta)| - |C_k^*(\theta)|] + d_k(\theta)$$
$$\leqslant kp(\theta)q(\theta)[|C(\theta)| - |C_k(\theta)|] + 0。$$

因此，对任意 $\theta \in \Theta$，$|C(\theta)| - |C_k(\theta)| \geqslant 0$，即 $|C_k(\theta)| \leqslant |C(\theta)|$。又因为 $T(\mathcal{X}) \subset \Theta$，故对任意 T，$|C_k(T)| \leqslant |C(T)|$，从而定理获证。

3.7 本章小结

本章研究了基于第Ⅱ类逐步删失数据和第Ⅱ类双删失数据的双参数指数分布 $Exp(\mu, \sigma)$ 的最优置信集问题。首先，我们得到参数（μ，σ）经优化后的经典置信域其实包含 Hayter（2012）的最小面积置信集；其次，通过扩展了 Zhang（2018a）的定理得到参数（μ，σ）在第Ⅱ类逐步删失和第Ⅱ类双删失样本下的最小面积置信域（MACR）；再次，通过估计效率，将 MACR 与经典置信域进行比较，得出结论：无论置信水平、样本容量、样本数据取何值，（μ，σ）的 MACR 具有最小面积，MACR 是一致最精确置信域；最后，通过两个实例再次验证了所得结论。

第4章

基于记录值双参数指数分布的最优置信域

4.1 引言

记录值在实际生活中有重要的应用，如在气象学、体育、环境研究、工业压力测试、运动学、经济学、寿命检验和可靠性理论等方面（参见文献 Balakrishnan and Chan，1998；Raqab，2002；Cramer and Naehrig，2012）。记录值最先由 Chandler（1952）提出，从此记录值的理论及其分布性质得到广泛的研究（参见文献 Dallas，1981；Nagaraga，1988；Arnold and Balakrishnan，1989；Ahsanullah，1993；Balakrishnan and Ahsanullah，1994；Ahsanullah，1995，1997；Arnold，Balakrishnanet and Nagaraja，1998；Raqab，2001；Bieniek and Szynal，2002；Ahmadi and Balakrishnan，2004；Madi，2006；Ahmadi and Doostparast，2006；Saran and Singh，2008；Doostparast，2009；Ye，Tang and Xu，2011 等）。

许多关于记录值的重要研究涉及了指数分布，其中一个研究话题是双参数指数分布的区间（域）估计问题。在记录值样本下，Doostparast 和 Balakrishnan（2011）讨论了不同情况下参数 μ 和 σ 的最优区间估计，而对于参数（μ，σ）的最优联合置信域问题未有涉及。基于上记录值的 $Exp(\mu, \sigma)$ 分布，Asgharzadeh 和 Abdi（2011a）得到参数（μ，σ）的两种联合置信域；Wang 和 Shi（2013）在上记录值样本下，提出了（μ，σ）

的某种“最优”置信域。然而，这种“最优”置信域是存在缺陷的（详见4.2节）。为此，本章将研究在上记录值下参数（μ，σ）的最优置信域问题。

本章的组织结构如下：4.2节介绍参数（μ，σ）在记录值下的经典置信域，4.3节得到（μ，σ）的新置信域，4.4节将新置信域与经典置信域进行比较研究，4.5节是实例分析，最后，4.6节给出本章小结。

4.2　基于上记录值的经典置信域

双参数指数分布，简记为 $Exp(\mu,\sigma)$，其累积分布函数（cdf）为：

$F(x;\mu,\sigma)=1-e^{-\frac{x-\mu}{\sigma}},x\geqslant\mu,\sigma>0,$

其中 μ、σ 分别是位置参数和尺度参数。

设样本 $X_{U_1}<X_{U_2}<\cdots<X_{U_n}$ 是来自双参数指数分布 $Exp(\mu,\sigma)$ 的前 n 个被观测到的上记录值，用 X_i 简记 X_{U_i}，令 $Y_i=\dfrac{X_i-\mu}{\sigma}(i=1,2,\cdots,n)$，则 $Y_1<Y_2<\cdots<Y_n$ 是来自标准指数分布 $Exp(0,1)$ 的前 n 个上记录值。定义 $Z_i=Y_i-Y_{i-1}(i=1,2,\cdots,n;Y_0\equiv0)$，David 和 Nagaraja（2003）证明了 Z_1，Z_2，…，Z_n 独立同分布于 $Exp(0,1)$ 分布，即 Z_1，Z_2，…，$Z_n\sim Exp(0,1)$，Bickel 和 Doksum（2001）得到以下结论：

(i) $2\sum\limits_{i=2}^{n}Z_i=2(Y_n-Y_1)=\dfrac{2(X_n-X_1)}{\sigma}\sim\chi^2_{2n-2},Z_1=Y_1=\dfrac{X_1-\mu}{\sigma}\sim Exp(0,1)$，这两个枢轴量独立，$\chi^2_m$ 指自由度为 m 的卡方分布；

(ii) $2\sum\limits_{i=1}^{n}Z_i=2Y_n=\dfrac{2(X_n-\mu)}{\sigma}\sim\chi^2_{2n},\dfrac{(n-1)Z_1}{\sum\limits_{i=2}^{n}Z_i}=\dfrac{(n-1)Y_1}{Y_n-Y_1}=\dfrac{(n-1)(X_1-\mu)}{X_n-X_1}\sim F_{2,2n-2}$，这两个枢轴量独立，$F_{n_1,n_2}$ 指自由度为 n_1 和 n_2 的 F 分布。

为了建立 μ 和 σ 的联合置信域，由（i）可得：

$$P\left[-\ln(1-\alpha_2')\leqslant\frac{X_1-\mu}{\sigma}\leqslant-\ln\alpha_1'\right]=1-\alpha'$$

和

$$P\left[\chi^2_{2n-2}(\alpha_2'')\leqslant\frac{2(X_n-X_1)}{\sigma}\leqslant\chi^2_{2n-2}(1-\alpha_1'')\right]=1-\alpha'',$$

其中 $\alpha_1'+\alpha_2'=\alpha'$，$\alpha_1''+\alpha_2''=\alpha''$，$\chi^2_m(p)$ 为 χ^2_m 分布的 p 分位数。于是，μ 和 σ 的置信水平为 $1-\alpha$ 的经典置信域（Method 1）为：

$$\begin{cases}X_1+\sigma\ln\alpha_1'\leqslant\mu\leqslant X_1+\sigma\ln(1-\alpha_2')\\ \dfrac{2(X_n-X_1)}{\chi^2_{2n-2}(1-\alpha_1'')}\leqslant\sigma\leqslant\dfrac{2(X_n-X_1)}{\chi^2_{2n-2}(\alpha_2'')}\end{cases}\tag{4.1}$$

其中 $\alpha_1'+\alpha_2'=\alpha'$，$\alpha_1''+\alpha_2''=\alpha''$ 和 $(1-\alpha')(1-\alpha'')=1-\alpha$。

类似地，由（ii）可得：

$$P\left[\chi^2_{2n}(\alpha_2')\leqslant\frac{2(X_n-\mu)}{\sigma}\leqslant\chi^2_{2n}(1-\alpha_1')\right]=1-\alpha'$$

和

$$P\left[F_{2,2n-2}(\alpha_2'')\leqslant\frac{(n-1)(X_1-\mu)}{X_n-X_1}\leqslant F_{2,2n-2}(1-\alpha_1'')\right]=1-\alpha'',$$

其中 $\alpha_1'+\alpha_2'=\alpha'$，$\alpha_1''+\alpha_2''=\alpha''$，$F_{n_1,n_2}(p)$ 指 F_{n_1,n_2} 分布的 p 分位数。

利用 Zhang（2013c）已证明的等式：

$$F_{2,2n-2}(p)=(n-1)\left[(1-p)^{\frac{-1}{n-1}}-1\right],\ 其中\ 0<p<1,$$

可得 μ 和 σ 的置信水平为 $1-\alpha$ 的经典置信域（Method 2）为：

$$\begin{cases}X_1+(X_n-X_1)\left[1-(\alpha_1'')^{\frac{-1}{n-1}}\right]\leqslant\mu\leqslant X_1+(X_n-X_1)\left[1-(1-\alpha_2'')^{\frac{-1}{n-1}}\right]\\ \dfrac{2(X_n-\mu)}{\chi^2_{2n}(1-\alpha_1')}\leqslant\sigma\leqslant\dfrac{2(X_n-\mu)}{\chi^2_{2n}(\alpha_2')}\end{cases}\tag{4.2}$$

其中 $\alpha_1'+\alpha_2'=\alpha'$，$\alpha_1''+\alpha_2''=\alpha''$，$(1-\alpha')(1-\alpha'')=1-\alpha$。

式（4.1）和式（4.2）中常用的置信域是“等尾”（$\alpha_1'=\alpha_2'=\alpha'/2$，$\alpha_1''=\alpha_2''=\alpha''/2$）和“等概率”（$1-\alpha'=1-\alpha''=\sqrt{1-\alpha}$）置信域，这也是

Asgharzadeh 和 Abdi（2011a）得到的置信域，即 μ 和 σ 的置信水平为 $1-\alpha$ 的常用置信域（EE1）为：

$$\begin{cases} X_1+\sigma\ln\alpha_1 \leqslant \mu \leqslant X_1+\sigma\ln\alpha_2 \\ \dfrac{2(X_n-X_1)}{\chi^2_{2n-2}(\alpha_2)} \leqslant \sigma \leqslant \dfrac{2(X_n-X_1)}{\chi^2_{2n-2}(\alpha_1)} \end{cases} \tag{4.3}$$

μ 和 σ 的置信水平为 $1-\alpha$ 的另一种置信域（EE2）为：

$$\begin{cases} X_1+(X_n-X_1)\left[1-(\alpha_1)^{\frac{-1}{n-1}}\right] \leqslant \mu \leqslant X_1+(X_n-X_1)\left[1-(\alpha_2)^{\frac{-1}{n-1}}\right] \\ \dfrac{2(X_n-\mu)}{\chi^2_{2n}(\alpha_2)} \leqslant \sigma \leqslant \dfrac{2(X_n-\mu)}{\chi^2_{2n}(\alpha_1)} \end{cases} \tag{4.4}$$

其中 $\alpha_1=\dfrac{1-\sqrt{1-\alpha}}{2}$，$\alpha_2=\dfrac{1+\sqrt{1-\alpha}}{2}$。

为了优化式（4.4）中的置信域，Wang and Shi（2013）定义

$$A_j=2\sum_{i=1}^{j}Z_i=\frac{2(X_j-\mu)}{\sigma}\sim\chi^2_{2j},B_j=2\sum_{i=j+1}^{n}Z_i=\frac{2(X_n-X_j)}{\sigma}\sim\chi^2_{2(n-j)},$$

A_j 和 B_j 独立（$j=1$，2，…，$n-1$），利用

$$\frac{B_j/2(n-j)}{A_j/2j}=\frac{j(X_n-X_j)}{(n-j)(X_j-\mu)}\sim F_{2(n-j),2j},A_j+B_j=\frac{2(X_n-\mu)}{\sigma}\sim\chi^2_{2n},$$

和 A_j+B_j 与 B_j/A_j 之间独立，得到（μ，σ）的一类置信水平为 $1-\alpha$ 的联合置信域为：

$$\begin{cases} X_j-\dfrac{j(X_n-X_j)F_{2j,2(n-j)}(\alpha_2)}{n-j} \leqslant \mu \leqslant X_j-\dfrac{j(X_n-X_j)F_{2j,2(n-j)}(\alpha_1)}{n-j} \\ \dfrac{2(X_n-\mu)}{\chi^2_{2n}(\alpha_2)} \leqslant \sigma \leqslant \dfrac{2(X_n-\mu)}{\chi^2_{2n}(\alpha_1)} \end{cases} \tag{4.5}$$

其中 $\alpha_1=\dfrac{1-\sqrt{1-\alpha}}{2}$，$\alpha_2=\dfrac{1+\sqrt{1-\alpha}}{2}$，$j=1$，2，…，$n-1$。Wang 和 Shi（2013）得到的最优置信域假设为第 j^* 个置信域，该置信域具有最小的近似面积 S_{j^*}，即 $S_{j^*}=\min\limits_{j=1,\cdots,n-1}S_j$。

值得注意的是，令 CR_j 代表式（4.5）中的联合置信域，当 $j=1, 2, \cdots, n-1$ 时，$P[(\mu,\sigma) \in CR_j] = 1-\alpha$。然而，事实上，$P[(\mu,\sigma) \in CR_{j^*}] < 1-\alpha$。由此，Wang 和 Shi（2013）得到的最优置信域的置信水平低于 $1-\alpha$，尤其是在 n 较大的情形下也是如此。

4.3 最小面积置信域

设 $\boldsymbol{X}=(X_1, X_2, \cdots, X_n)$ 是来自双参数指数分布 $Exp(\mu, \sigma)$ 的上记录值，在本节中我们利用第 3 章中的定理 3.1 推导 $\theta=(\mu, \sigma)$ 的最小面积置信域（MACR）。

由于（X_1, X_n-X_1）是（μ, σ）的充分统计量（参见文献 Arnold, 1998），且 X_1 与 X_n-X_1 相互独立。因此，作为其等价统计量，$T=\left(\dfrac{X_1}{X_n-X_1}, \dfrac{1}{X_n-X_1}\right)$ 也是（μ, σ）的充分统计量。又根据 $U_1=\dfrac{X_1-\mu}{\sigma} \sim Exp(0, 1)$，$U_2=\dfrac{2(X_n-X_1)}{\sigma} \sim \chi^2_{2n-2}$，$U_1$ 与 U_2 相互独立，得到（U_1, U_2）的联合概率密度函数为 $e^{-u_1}f_{2n-2}(u_2)$，u_1 和 u_2 均大于零。于是，$T=(T_1, T_2)$ 的概率密度函数为

$$f(t_1,t_2;\mu,\sigma) = e^{-n(t_1/t_2-\mu)/\sigma} f_{2n-2}\left(\frac{2}{\sigma t_2}\right)\left|\frac{\partial(u_1,u_2)}{\partial(t_1,t_2)}\right|, t_1/t_2 > \mu, t_2 > 0,$$

其中 $U_1=\dfrac{T_1/T_2-\mu}{\sigma}$, $U_2=\dfrac{2}{\sigma T_2}$，雅可比行列式为 $\left|\dfrac{\partial(u_1,u_2)}{\partial(t_1,t_2)}\right| = \dfrac{2}{\sigma^2 t_2^3}$。从而存在 $p(\theta)=\sigma/4$ 使

$$\tilde{f}(t_1,t_2;\mu,\sigma) = e^{-(t_1/t_2-\mu)/\sigma} f_{2n-2}\left(\frac{2}{\sigma t_2}\right)\left(\frac{2}{\sigma t_2}\right)^3, t_1/t_2 > \mu, t_2 > 0,$$

为枢轴量，进一步得到 $C_k(t_1,t_2) = \{(\mu,\sigma): \tilde{f}(t_1,t_2;\mu,\sigma) \geqslant k\}$。

由于

$$|C_k^*(\mu,\sigma)| = \iint_{\tilde{f}(t_1,t_2;\mu,\sigma)\geqslant k} \mathrm{d}t_1\mathrm{d}t_2 = \iint_{\tilde{f}(\mu,\sigma;\tilde{t}_1,\tilde{t}_2)\geqslant k} \sigma\mathrm{d}\tilde{t}_1\mathrm{d}\tilde{t}_2 = \sigma|C_k(\mu,\sigma)|,$$

变量的转化关系是 $t_1 = \mu - \sigma\tilde{t}_1 + \mu\tilde{t}_2$ 和 $t_2 = \tilde{t}_2$，其中 $t_1/t_2 > \mu$ 等价于 $\mu/\sigma > \tilde{t}_1$，因此，在限制条件 $|C_k^*(\mu,\sigma)| \leqslant \sigma|C_k(\mu,\sigma)|$ 下，$C_k(T_1,T_2) = \{(\mu,\sigma):\tilde{f}(T_1,T_2;\mu,\sigma) \geqslant k\}$。进一步化简，得：

$$C_k(T_1,T_2) = \left\{(\mu,\sigma):g\left(\frac{X_n - X_1}{n\sigma}\right) + \frac{X_1 - \mu}{n\sigma} \leqslant k_\alpha\right\} \tag{4.6}$$

是（μ，σ）的置信水平为 $1-\alpha$ 的 MACR，其中 $X_1 > \mu$，$g(x) = x - \left(1 + \frac{1}{n}\right)\ln x$，$k_\alpha$ 是待确定的临界值，且 k_α 与 k 的关系为：$k_\alpha = \frac{n+1}{n}\ln n + \frac{1}{n}\ln\left(\frac{4}{k\cdot\Gamma(n-1)}\right)$。

由于 $X_1 > \mu$，$\frac{X_1 - \mu}{n\sigma} > 0$，置信域（4.6）进一步表示为：

$$C_k(T_1,T_2):\begin{cases} X_1 + n\sigma\left[g\left(\frac{X_n - X_1}{n\sigma}\right) - k_\alpha\right] \leqslant \mu \leqslant X_1 \\ g\left(\frac{X_n - X_1}{n\sigma}\right) \leqslant k_\alpha. \end{cases}$$

因为 $g''(x) > 0$，$g\left(\frac{X_n - X_1}{n\sigma}\right) \leqslant k_\alpha$ 等价于 $k_1 \leqslant \frac{X_n - X_1}{n\sigma} \leqslant k_2$ 且 $g(k_1) = g(k_2) = k_\alpha$，于是，（$\mu$，$\sigma$）的置信水平为 $1-\alpha$ 的 MACR 为：

$$C_k(T_1,T_2):\begin{cases} X_1 + n\sigma\left[g\left(\frac{X_n - X_1}{n\sigma}\right) - k_\alpha\right] \leqslant \mu \leqslant X_1 \\ \frac{X_n - X_1}{nk_2} \leqslant \sigma \leqslant \frac{X_n - X_1}{nk_1} \end{cases} \tag{4.7}$$

其中，$g(x) = x - \left(1 + \frac{1}{n}\right)\ln x$，$g(k_1) = g(k_2) = k_\alpha$ 以及 $k_\alpha > \min_x g(x) = g\left(1 + \frac{1}{n}\right)$。

给定 $0<\alpha<1$，由于

$$
\begin{aligned}
1-\alpha &= P[(\mu,\sigma)\in C_k(T_1,T_2)] \\
&= P\left[g\left(\frac{X_n - X_1}{n\sigma}\right)+\frac{X_1-\mu}{n\sigma}\leqslant k_\alpha\right] \\
&= \int_0^\infty\int_0^\infty 2n^2 f_{2n-2}(2nx)e^{-ny}\mathrm{d}x\mathrm{d}y \quad（其中 g(x)+y\leqslant k_\alpha） \\
&= \int_{k_1}^{k_2} 2nf_{2n-2}(2nx)[1-e^{ng(x)-nk_\alpha}]\mathrm{d}x \\
&= F_{2n-2}(2nk_2)-F_{2n-2}(2nk_1)-\int_{k_1}^{k_2}\frac{n^{n-1}e^{-nk_\alpha}}{(n-2)!x^3}\mathrm{d}x \\
&= F_{2n-2}(2nk_2)-F_{2n-2}(2nk_1)+\frac{n^{n-1}e^{-nk_\alpha}}{2(n-2)!}(k_2^{-2}-k_1^{-2}) \\
&= F_{2n-2}(2nk_2)-F_{2n-2}(2nk_1)+ne^{n-nk_\alpha}f_{2n-2}(2n)(k_2^{-2}-k_1^{-2}),
\end{aligned}
$$

因此，根据 $g(x)=x-\left(1+\frac{1}{n}\right)\ln x$，$g(k_1)=g(k_2)=k_\alpha$，以及有：

$$1-\alpha = F_{2n-2}(2nk_2)-F_{2n-2}(2nk_1)+ne^{n-nk_\alpha}f_{2n-2}(2n)(k_2^{-2}-k_1^{-2}) \tag{4.8}$$

可计算 k_α 的值。表4.1列出了在不同样本容量下，置信水平分别取0.80，0.90，0.95，0.99，0.995，0.999时，临界值 k_α 的结算结果；对于其他的组合情况，可利用插入法找出 k_α 的近似值。

表4.1　　临界值 k_α 的计算结果

n	$1-\alpha$					
	0.80	0.90	0.95	0.99	0.995	0.999
5	1.666	1.901	2.129	2.641	2.857	3.354
7	1.429	1.581	1.727	2.057	2.196	2.516
10	1.278	1.376	1.471	1.685	1.775	1.982
11	1.249	1.336	1.421	1.612	1.693	1.878
12	1.225	1.304	1.381	1.553	1.626	1.794
13	1.205	1.277	1.347	1.505	1.571	1.724
14	1.189	1.255	1.319	1.464	1.525	1.666
15	1.175	1.236	1.295	1.429	1.486	1.616
18	1.143	1.193	1.241	1.350	1.397	1.503
20	1.127	1.172	1.215	1.312	1.353	1.448

续表

n	$1-\alpha$					
	0.80	0.90	0.95	0.99	0.995	0.999
25	1.100	1.135	1.169	1.245	1.277	1.352
30	1.082	1.111	1.139	1.202	1.228	1.289
35	1.070	1.094	1.118	1.171	1.194	1.246
40	1.061	1.082	1.102	1.149	1.168	1.214
45	1.054	1.072	1.091	1.132	1.149	1.189
50	1.048	1.065	1.081	1.118	1.133	1.169
55	1.044	1.059	1.074	1.107	1.121	1.153
60	1.040	1.054	1.067	1.098	1.111	1.140
80	1.030	1.040	1.050	1.073	1.082	1.104
100	1.024	1.032	1.040	1.058	1.065	1.083
200	1.012	1.016	1.020	1.029	1.032	1.041
500	1.005	1.006	1.008	1.011	1.013	1.016
1000	1.002	1.003	1.004	1.006	1.006	1.008
∞	1.000	1.000	1.000	1.000	1.000	1.000

4.4 比较研究

对（μ，σ）的置信水平为 $1-\alpha$ 的任意置信域 $C(X)$，定义估计效率：

$$e(C(X)) = \frac{|C_k(T(X))|}{|C(X)|},$$

其中 $C_k(T(X))$ 是式（4.7）中（μ，σ）的置信水平为 $1-\alpha$ 的 MACR。为了比较置信域式（4.7）、式（4.1）和式（4.2）的精确性，下面讨论各个置信域的面积。

首先，式（4.1）中经典置信域的面积为：

$$\int_{2(X_n-X_1)/(\chi^2_{2n-2}(1-\alpha''_1))}^{2(X_n-X_1)/(\chi^2_{2n-2}(\alpha''_2))} \sigma\ln\left(\frac{1-\alpha'_2}{\alpha'_1}\right)\mathrm{d}\sigma = 2(X_n - X_1)^2\ln\left(\frac{1-\alpha'_2}{\alpha'_1}\right)[(\chi^2_{2n-2}(\alpha''_2))^{-2} - (\chi^2_{2n-2}(1-\alpha''_1))^{-2}]。$$

当 $\alpha'_1=\alpha'$，$\alpha'_2=0$ 时，$\ln\left(\frac{1-\alpha'_2}{\alpha'_1}\right)$ 取得最小值。于是，式（4.1）中 (μ,σ) 的置信水平为 $1-\alpha$ 的经优化后的置信域（Opt1）为：

$$\begin{cases} X_1+\sigma\ln\alpha' \leqslant \mu \leqslant X_1 \\ \dfrac{2(X_n-X_1)}{\chi^2_{2n-2}(1-\alpha''_1)} \leqslant \sigma \leqslant \dfrac{2(X_n-X_1)}{\chi^2_{2n-2}(\alpha''-\alpha''_1)} \end{cases} \tag{4.9}$$

其中 α' 和 α''_1 的取值要使置信域的面积 $2(X_n-X_1)^2\ln\alpha'[(\chi^2_{2n-2}(1-\alpha''_1))^{-2}-(\chi^2_{2n-2}(\alpha''-\alpha''_1))^{-2}]$，在区域 $0<\alpha'<\alpha, 0<\alpha''_1<\alpha''=(\alpha-\alpha')/(1-\alpha')$ 内达到最小。

类似地，式（4.2）中经典置信域的面积为：

$$\int_{X_1+(X_n-X_1)[1-(\alpha''_1)^{\frac{-1}{n-1}}]}^{X_1+(X_n-X_1)[1-(1-\alpha''_2)^{\frac{-1}{n-1}}]} 2(X_n-\mu)[(\chi^2_{2n}(\alpha'_2))^{-1}-(\chi^2_{2n}(1-\alpha'_1))^{-1}]\mathrm{d}\mu$$

$$=(X_n-X_1)^2[(\alpha''_1)^{\frac{-2}{n-1}}-(1-\alpha''_2)^{\frac{-2}{n-1}}][(\chi^2_{2n}(\alpha'_2))^{-1}-(\chi^2_{2n}(1-\alpha'_1))^{-1}]。$$

当 $\alpha''_1=\alpha''$，$\alpha''_2=0$ 时，$(\alpha''_1)^{\frac{-2}{n-1}}-(1-\alpha''_2)^{\frac{-2}{n-1}}$ 达到最小值。于是，式（4.2）中（μ，σ）的置信水平为 $1-\alpha$ 的经优化后的置信域（Opt2）为：

$$\begin{cases} X_1+(X_n-X_1)[1-(\alpha'')^{\frac{-1}{n-1}}] \leqslant \mu \leqslant X_1 \\ \dfrac{2(X_n-\mu)}{\chi^2_{2n}(1-\alpha'_1)} \leqslant \sigma \leqslant \dfrac{2(X_n-\mu)}{\chi^2_{2n}(\alpha'-\alpha'_1)} \end{cases} \tag{4.10}$$

其中 α'' 和 α'_1 的取值使：

$(X_n-X_1)^2[(\alpha'')^{\frac{-2}{n-1}}-1][(\chi^2_{2n}(\alpha'-\alpha'_1))^{-1}-(\chi^2_{2n}(1-\alpha'_1))^{-1}]$，

在区域 $0<\alpha''<\alpha$，$0<\alpha'_1<\alpha'=(\alpha-\alpha'')/(1-\alpha'')$ 内达到最小值。

最后，式（4.7）中置信水平为 $1-\alpha$ 的 MACR 的面积为：

$$
\begin{aligned}
|C_k(T(X))| &= \int_{(X_n-X_1)/nk_2}^{(X_n-X_1)/nk_1}\left[k_\alpha - g\left(\frac{X_n - X_1}{n\sigma}\right)\right]n\sigma\mathrm{d}\sigma \\
&= \frac{(X_n - X_1)^2}{n}\int_{k_1}^{k_2}[k_\alpha - g(x)]x^{-3}\mathrm{d}x \\
&= \frac{(X_n - X_1)^2}{n}\left[\frac{1}{x} - \frac{1}{2x^2}\left(k_\alpha + \frac{n+1}{2n} + \frac{n+1}{n}\ln x\right)\right]_{k_1}^{k_2}。
\end{aligned}
$$

根据定理 3.1 可知，$C_k(T(X))$ 为 $\theta = (\mu, \sigma)$ 的所有置信水平为 $1-\alpha$ 的置信域 $C(T)$ 中面积最小的，且满足限制条件 $|C^*(\theta)| \leqslant \sigma|C(\theta)|$，$\theta \in \Theta$，满足限制条件的置信域 $C(T)$ 包含式（4.1）或式（4.2）中的经典置信域。

不妨令 $C(T)$ 为式（4.1）中的经典置信域，其中 $T = (T_1, T_2) = \left(\frac{X_1}{X_n - X_1}, \frac{1}{X_n - X_1}\right)$，由于

$$
\begin{aligned}
|C(t)| &= C\left(\frac{X_1}{X_n - X_1}, \frac{1}{X_n - X_1}\right) \\
&= 2(X_n - X_1)^2\ln\left(\frac{1-\alpha_2'}{\alpha_1'}\right)[(\chi^2_{2n-2}(\alpha_2''))^{-2} - (\chi^2_{2n-2}(1-\alpha_1''))^{-2}],
\end{aligned}
$$

$$
\begin{aligned}
|C(\theta)| &= |C(\mu,\sigma)| \\
&= 2\sigma^{-2}\ln\left(\frac{1-\alpha_2'}{\alpha_1'}\right)[(\chi^2_{2n-2}(\alpha_2''))^{-2} - (\chi^2_{2n-2}(1-\alpha_1''))^{-2}],
\end{aligned}
$$

$$
\begin{aligned}
|C^*(\theta)| &= \int_{2/(\sigma\chi^2_{2n-2}(1-\alpha_1''))}^{2/(\sigma\chi^2_{2n-2}(\alpha_2''))}\sigma t_2\ln\left(\frac{1-\alpha_2'}{\alpha_1'}\right)\mathrm{d}t_2 \\
&= 2\sigma^{-1}\ln\left(\frac{1-\alpha_2'}{\alpha_1'}\right)[(\chi^2_{2n-2}(\alpha_2''))^{-2} - (\chi^2_{2n-2}(1-\alpha_1''))^{-2}] \\
&= \sigma|C(\theta)|,
\end{aligned}
$$

因此，$C(T)$ 满足限制条件 $|C^*(\theta)| \leqslant \sigma|C(\theta)|$，从而得到 $|C_k(T)| \leqslant |C(T)|$。

记 Opt1 和 Opt2 代表式（4.9）和式（4.10）中经优化后的置信域，EE1 和 EE2 分别代表式（4.3）和式（4.4）中的“等尾”和“等概率”置信域，这也是 Asgharzadeh 和 Abdi（2011）中的置信域，则：

$$e(\mathrm{EE1})=\frac{\left[\frac{1}{x}-\frac{1}{2x^2}\left(k_\alpha+\frac{n+1}{2n}+\frac{n+1}{n}\ln x\right)\right]_{k_1}^{k_2}}{2n\ln\left(\frac{\alpha_2}{\alpha_1}\right)\left[\left(\chi_{2n-2}^2(\alpha_1)\right)^{-2}-\left(\chi_{2n-2}^2(\alpha_2)\right)^{-2}\right]},$$

$$e(\mathrm{EE2})=\frac{\left[\frac{1}{x}-\frac{1}{2x^2}\left(k_\alpha+\frac{n+1}{2n}+\frac{n+1}{n}\ln x\right)\right]_{k_1}^{k_2}}{n\left[(\alpha_1)^{\frac{-2}{n-1}}-(\alpha_2)^{\frac{-2}{n-1}}\right]\left[\left(\chi_{2n}^2(\alpha_1)\right)^{-1}-\left(\chi_{2n}^2(\alpha_2)\right)^{-1}\right]},$$

$$e(\mathrm{Opt1})=\frac{\left[\frac{1}{x}-\frac{1}{2x^2}\left(k_\alpha+\frac{n+1}{2n}+\frac{n+1}{n}\ln x\right)\right]_{k_1}^{k_2}}{2n\ln\alpha'\left[\left(\chi_{2n-2}^2(1-\alpha_1'')\right)^{-2}-\left(\chi_{2n-2}^2(\alpha''-\alpha_1'')\right)^{-2}\right]},$$

$$e(\mathrm{Opt2})=\frac{\left[\frac{1}{x}-\frac{1}{2x^2}\left(k_\alpha+\frac{n+1}{2n}+\frac{n+1}{n}\ln x\right)\right]_{k_1}^{k_2}}{n\left[(\alpha'')^{\frac{-2}{n-1}}-1\right]\left[\left(\chi_{2n}^2(\alpha'-\alpha_1')\right)^{-1}-\left(\chi_{2n}^2(1-\alpha_1')\right)^{-1}\right]},$$

其中 $\alpha_1=\frac{1-\sqrt{1-\alpha}}{2}$ 和 $\alpha_2=\frac{1+\sqrt{1-\alpha}}{2}$。

从这四个估计效率的表达式可知，估计效率值均不依赖于样本数据 X。因此，比较置信域的估计效率大小时，不需要模拟样本数据。给定显著性水平 $1-\alpha=0.90$，0.95，0.99，0.999，分别取 $n=5$，10，20，40，70，100，140，170，200，240，270，300，400，500，表 4.2 显示了经典置信域的估计效率。由表 4.2 中的结果可得出结论，无论置信水平、样本容量、样本值取何值，均有：

（1）所有估计效率的值介于 0.23 和 0.92 之间，都小于 1，这说明式（4.7）中的 MACR 的面积最小，MACR 是一致最精确的置信域；

（2）式（4.3）和式（4.4）中的“等尾”和“等概率”置信域的估计效率值介于 0.23 和 0.75 之间，估计的精确性较低。

表 4.2　经典置信域的估计效率

n	$1-\alpha=0.90$				$1-\alpha=0.95$			
	e(EE1)	e(EE2)	e(Opt1)	e(Opt2)	e(EE1)	e(EE2)	e(Opt1)	e(Opt2)
5	0.381	0.420	0.781	0.794	0.367	0.398	0.724	0.730
10	0.545	0.580	0.851	0.866	0.540	0.575	0.811	0.829
20	0.637	0.658	0.884	0.893	0.639	0.662	0.855	0.868
40	0.685	0.697	0.901	0.905	0.692	0.705	0.877	0.884
70	0.706	0.713	0.907	0.910	0.715	0.723	0.887	0.891
100	0.715	0.720	0.910	0.912	0.725	0.730	0.890	0.893
140	0.721	0.724	0.912	0.913	0.731	0.735	0.893	0.895
170	0.723	0.726	0.913	0.914	0.734	0.737	0.894	0.896
200	0.725	0.727	0.913	0.914	0.736	0.739	0.895	0.896
240	0.727	0.729	0.914	0.914	0.738	0.740	0.895	0.897
270	0.728	0.729	0.914	0.915	0.739	0.741	0.896	0.897
300	0.728	0.730	0.914	0.915	0.740	0.742	0.896	0.897
400	0.730	0.731	0.915	0.915	0.742	0.743	0.897	0.898
500	0.731	0.732	0.915	0.915	0.743	0.744	0.897	0.898

n	$1-\alpha=0.99$				$1-\alpha=0.999$			
	e(EE1)	e(EE2)	e(Opt1)	e(Opt2)	e(EE1)	e(EE2)	e(Opt1)	e(Opt2)
5	0.326	0.330	0.610	0.585	0.271	0.233	0.469	0.392
10	0.511	0.544	0.725	0.746	0.458	0.479	0.610	0.630
20	0.625	0.653	0.793	0.812	0.588	0.620	0.712	0.742
40	0.689	0.706	0.829	0.841	0.667	0.690	0.768	0.790
70	0.718	0.728	0.845	0.852	0.704	0.719	0.797	0.810
100	0.730	0.737	0.852	0.857	0.720	0.731	0.808	0.817
140	0.738	0.743	0.856	0.860	0.730	0.738	0.815	0.821
170	0.741	0.746	0.858	0.861	0.735	0.742	0.818	0.823
200	0.744	0.748	0.859	0.862	0.738	0.744	0.821	0.825
240	0.746	0.750	0.860	0.863	0.742	0.746	0.823	0.827
270	0.748	0.751	0.861	0.863	0.743	0.748	0.824	0.827
300	0.749	0.751	0.862	0.864	0.745	0.749	0.825	0.828
400	0.751	0.753	0.863	0.864	0.748	0.751	0.827	0.829
500	0.752	0.754	0.864	0.865	0.750	0.752	0.828	0.830

4.5 实例分析

【实例】利用 Asgharzadeh 和 Abdi（2011a）中的数据，服从双参数指数分布 $Exp(2.5, 1)$ 分布的样本容量为 $n=15$ 的上记录值为：

2.7127，3.1841，3.4990，4.0002，4.4863，4.6226，5.3125，5.9537，5.9724，6.0238，6.0357，6.8307，6.8957，7.4296，8.0229。

根据式（4.8）计算得到：$k_\alpha=1.295$，$k_1=0.455$，$k_2=2.073$，于是，(μ, σ) 的置信水平为95%的 MACR 为：

$$\begin{cases}8.0229-2.8103\sigma+16\sigma\ln\sigma\leqslant\mu\leqslant2.7127\\0.1708\leqslant\sigma\leqslant0.7781,\end{cases}$$

该置信域的面积为0.6941。式（4.3）和式（4.4）中常用置信域分别为：

$$\begin{cases}2.7127-4.3693\sigma\leqslant\mu\leqslant2.7127-0.0127\sigma\\0.2244\leqslant\sigma\leqslant0.7598,\end{cases}$$

和

$$\begin{cases}0.7677\leqslant\mu\leqslant2.7079\\0.3215-0.0401\mu\leqslant\sigma\leqslant1.0426-0.1300\mu。\end{cases}$$

其面积分别为1.1477和1.0961。图4.1和图4.2描绘了 (μ, σ) 的

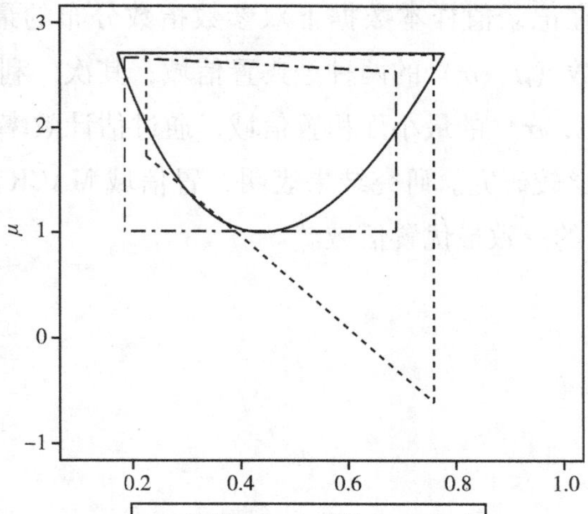

图4.1 (μ, σ) 的置信水平为95%的置信域 MACR、EE1 和 Opt1

置信水平为95%的置信域，由这两个图可知，MACR是具有最小面积和更好的形状的置信域，从而MACR是一致最精确的。

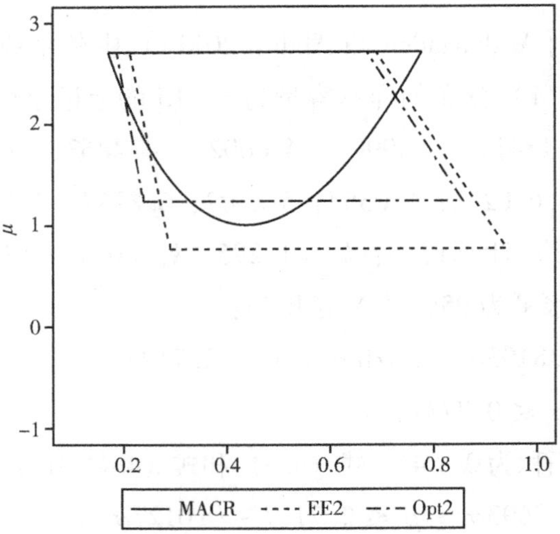

图4.2 (μ, σ) 的置信水平为95%的置信域MACR、EE2和Opt2

4.6 本章小结

本章解决了在记录值样本数据下双参数指数分布的最优置信域问题。首先，总结了参数(μ, σ)的两种经典置信域；其次，利用基于充分统计量的方法构建(μ, σ)的最小面积置信域，通过估计效率将新的置信域与经典置信域进行比较研究。研究结果表明，置信域MACR是双参数指数分布参数(μ, σ)的一致最优置信域。

第5章

基于记录值威布尔分布的最优置信域

5.1 引言

威布尔分布最早由瑞典物理学家 Waloddi Weibull 于 1939 年提出并用它表示材料断裂强度的分布。Langlois（1991）指出，当陶瓷材料的强度被测量时，通过对棒状标本的弯曲试验，一定数量的散射就会被观察到，威布尔分布常用来描述这种变化。威布尔分布在其他领域也有广泛的应用，如生存分析、可靠性工程、天气预报、水文学、气象学、保险学等方面（参见文献 Murthy，Xie and Jiang，2004）。

威布尔分布由极值定理发展而来，基于记录值的威布尔分布的统计推断成为统计学研究的热点之一。一个威布尔变量的对数服从极值分布，而极值分布作为位置—尺度参数族具有良好的统计性质。Dallas（1982）讨论了基于上记录值样本威布尔分布的有关分布方面的结果；Ahsanullah（1990）得到了极值分布在上记录值下的一致最优线性无偏估计；Balakrishnant 和 Chan（1993）证明了威布尔分布在上记录值下单一矩和乘积矩之间满足的递推关系；当形状参数已知时，Balakrishnan 和 Chan（1994）得到尺度参数的一致最优线性无偏估计；Hoinkes 和 Padgett（1994）通过模拟研究了威布尔分布参数的极大似然估计；基于上记录值，Chan（1998）提出一种条件方法得到位置—尺度参数族中位置参数和尺度参数的精确估计，并以极值分布为例进行说明；基于前 n 个被观察的上记录值，

Wu 和 Tseng（2006）利用一些枢轴量检验和建立威布尔分布形状参数的置信区间；Soliman，Abd Ellah 和 Sultan（2006）得到威布尔分布基于记录值在平方损失函数和线性损失函数下参数的贝叶斯估计，并比较贝叶斯估计和非贝叶斯估计这两种方法；Soliman 和 Al - Aboud（2008）讨论了威布尔分布的一种特例——瑞利分布的贝叶斯推断问题；Lee 等（2011）假设威布尔分布位置参数已知的前提下，得到尺度参数的一致最小方差无偏估计；Teimouri 和 Gupta（2012）通过计算得到上记录值统计量和下记录值统计量的偏度系数；Gouet，Lopez 和 Sanz（2012）得到前 n 个观察值中 δ - 记录值计数过程的渐近性质；Teimouri 和 Nadarajah（2013）得到威布尔分布在上记录值下参数的极大似然估计修正偏差后的精确表达式；Wang 和 Ye（2015）研究了威布尔分布参数的点估计和置信区间，得到位置参数的一致最小方差无偏估计和尺度参数修正偏差后的估计，并利用广义枢轴量得到均值和可靠性函数的置信区间；Zakerzadeh 和 Jafari（2015）提出一种简单方法对两个威布尔分布的位置参数之比进行检验和构建置信区间，利用广义置信区间和广义 p 值对尺度参数之比进行推断；Zhao 等（2015）提出两种方法对威布尔分布的位置参数进行检验，得到位置参数的置信区间。事实上，威布尔分布的位置参数和尺度参数往往是未知的，所以对两个参数的联合置信域进行估计显得极为重要。Asgharzadeh 和 Abdi（2011b）利用 Wu 和 Tseng（2006）的构想，得到威布尔分布在前 m 个上记录值下参数的精确联合置信域，并通过模拟得到一般情况下的最小面积置信域；Jafari 和 Zakerzadeh（2015）利用两个不同的枢轴量得到威布尔分布在记录值下参数的一种新联合置信域，并通过模拟证实新置信域的期望面积比 Asgharzadeh 和 Abdi（2011b）中置信域的期望面积更小。然而，已有置信域并非最优置信域，本章将研究威布尔分布在记录值下参数的最小面积置信域问题，从中找出一致最优置信域。

本章的组织结构是：5.2 节介绍了在记录值样本下威布尔分布参数置信域的经典方法；5.3 节给出求解最小面积置信域的定理；5.4 节建立基于记录值威布尔分布参数的最小面积置信域；5.5 节是数值分析，即模拟研究和实例分析，通过蒙特卡罗模拟对各种置信域的期望面积进行比较；5.6

节是定理的证明；5.7 节给出本章小结。

5.2 经典置信域

含两个参数的威布尔分布，简记为 *Weibull*(β, η)，其累积分布函数为：

$$F(x;\beta,\eta) = 1 - e^{-\left(\frac{x}{\eta}\right)^{\beta}}, x > 0 \tag{5.1}$$

其中$\beta>0$是形状参数，$\eta>0$是尺度参数。特别地，当$\beta=1$时，威布尔分布退化为指数分布$Exp(\eta)$，其均值为η；当$\beta=2$时，威布尔分布退化为瑞利分布；当$\beta\geqslant 10$时，威布尔分布的形状参数接近于最小极值分布的形状参数（参见文献 Nelson，1982；Coles and Tawn，1996）。

设$X_{U_1}<X_{U_2}<\cdots<X_{U_n}$是一组来自 *Weibull*$(\beta, \eta)$ 的上记录值，为简便起见，将X_{U_i}记为R_i。令$Y_i=\left(\frac{R_i}{\eta}\right)^{\beta}$，$i=1, 2, \cdots, n$。于是，$Y_1<Y_2<\cdots<Y_n$是来自标准指数分布$Exp(0, 1)$的前$n$个上记录值。Arnold，Balakrishnan 和 Nagaraja（1998）证明了$Z_1, Z_2, \cdots, Z_n$是来自$Exp(0, 1)$的独立同分布样本，即$Z_1, Z_2, \cdots, Z_n \sim Exp(0, 1)$，其中$Z_i=Y_i-Y_{i-1}(i=1, 2, \cdots, n)$，$Y_0\equiv 0$。对于$j=1, 2, \cdots, n-1$，有如下结论（参见文献 Johnson，Kotz and Balakrishnan，1994，p. 350）：

(i) $U_j = 2\sum_{i=1}^{j} Z_i = 2\left(\frac{R_j}{\eta}\right)^{\beta} \sim \chi^2_{2j}, V_j = 2\sum_{i=j+1}^{n} Z_i = 2\left[\left(\frac{R_n}{\eta}\right)^{\beta} - \left(\frac{R_j}{\eta}\right)^{\beta}\right] \sim \chi^2_{2(n-j)}$，这两个枢轴量独立，其中$\chi^2_m$指自由度为$m$的卡方分布；

(ii) $U_j + V_j = 2\left(\frac{R_n}{\eta}\right)^{\beta} \sim \chi^2_{2n}, \frac{V_j/2(n-j)}{U_j/2j} = \frac{j}{n-j}\left[\left(\frac{R_n}{R_j}\right)^{\beta} - 1\right] \sim F_{2(n-j),2j}$，这两个枢轴量独立，$F_{n_1,n_2}$指自由度为$n_1$和$n_2$的$F$分布。

为了建立β和η的联合置信域，由（ii）可得：

$$P\left[F_{2(n-j),2j}(\alpha_1) \leqslant \frac{j}{n-j}\left[\left(\frac{R_n}{R_j}\right)^{\beta} - 1\right] \leqslant F_{2(n-j),2j}(\alpha_2)\right] = \sqrt{1-\alpha},$$

$$P\left[\chi_{2n}^{2}(\alpha_1) \leqslant 2\left(\frac{R_n}{\eta}\right)^{\beta} \leqslant \chi_{2n}^{2}(\alpha_2)\right] = \sqrt{1-\alpha},$$

其中，$\alpha_1 = \frac{1-\sqrt{1-\alpha}}{2}, \alpha_2 = \frac{1+\sqrt{1-\alpha}}{2}, F_{n_1,n_2}(p)$ 指 F_{n_1,n_2} 分布的 p 分位数，$\chi_m^2(p)$ 指 χ_m^2 分布的 p 分位数。于是，Asgharzadeh 和 Abdi（2011b）得到（β，η）的一种置信水平为 $1-\alpha$ 的经典置信域为：

$$A_j:\begin{cases}\dfrac{\ln\left[1+\left(\dfrac{n-j}{j}\right)F_{2(n-j),2j}(\alpha_1)\right]}{\ln\left(\dfrac{R_n}{R_j}\right)} \leqslant \beta \leqslant \dfrac{\ln\left[1+\left(\dfrac{n-j}{j}\right)F_{2(n-j),2j}(\alpha_2)\right]}{\ln\left(\dfrac{R_n}{R_j}\right)} \\ R_n\left(\dfrac{2}{\chi_{2n}^{2}(\alpha_2)}\right)^{\frac{1}{\beta}} \leqslant \eta \leqslant R_n\left(\dfrac{2}{\chi_{2n}^{2}(\alpha_1)}\right)^{\frac{1}{\beta}}\end{cases} \tag{5.2}$$

其中，$j=1, 2, \cdots, n-1$，每个 A_j 对应一个（β，η）的置信水平为 $1-\alpha$ 的置信域。通过蒙特卡罗模拟，Asgharzadeh 和 Abdi（2011b）得出结论：在一般情况下，$A_{\lfloor \frac{n}{5} \rfloor}$ 和 $A_{\lfloor \frac{n}{5} \rfloor+1}$ 为最小面积置信域，其中$\lfloor x \rfloor$ 指不超过 x 的最大整数值。值得注意的是，式（5.2）中的置信域并没有涉及所有的记录值。

利用 $U = 2\beta\sum_{i=1}^{n}\ln\left(\frac{R_n}{R_i}\right) \sim \chi_{2n-2}^{2}$ 和 $V = 2\left(\frac{R_n}{\eta}\right)^{\beta} \sim \chi_{2n}^{2}$，并且 U 和 V 独立，Jafari 和 Zakerzadeh（2015）得到（β，η）的另一种置信水平为 $1-\alpha$ 的经典置信域：

$$B:\begin{cases}\dfrac{\chi_{2n-2}^{2}(\alpha_1)}{2\sum\limits_{i=1}^{n}\ln\left(\dfrac{R_n}{R_i}\right)} \leqslant \beta \leqslant \dfrac{\chi_{2n-2}^{2}(\alpha_2)}{2\sum\limits_{i=1}^{n}\ln\left(\dfrac{R_n}{R_i}\right)} \\ R_n\left(\dfrac{2}{\chi_{2n}^{2}(\alpha_2)}\right)^{\frac{1}{\beta}} \leqslant \eta \leqslant R_n\left(\dfrac{2}{\chi_{2n}^{2}(\alpha_1)}\right)^{\frac{1}{\beta}}\end{cases} \tag{5.3}$$

其中，$\alpha_1 = \frac{1-\sqrt{1-\alpha}}{2}$，$\alpha_2 = \frac{1+\sqrt{1-\alpha}}{2}$。通过蒙特卡罗模拟，Jafari 和 Zakerzadeh（2015）得出结论：式（5.3）中置信域的期望面积小于

Asgharzadeh 和 Abdi（2011b）所得置信域的期望面积。

5.3　定理

在第3章中，根据定理3.1可建立双参数指数分布在删失样本下参数的最小面积置信域。然而，定理3.1并不适用于威布尔分布 *Weibull* (β, η)，因为其中的条件"存在某个 $q(\theta) > 0$，使 $|C^*(\theta)| = q(\theta)|C(\theta)|$"无法满足。为了克服这一缺陷，我们在定理3.1的基础上进一步扩展，得到一个新的定理，这个新的定理适用于建立威布尔分布参数的最小面积置信域。

【定理5.1】 对任意 $\theta \in \Theta$，Θ 为参数空间，若满足下列条件：

（C1）$T = T(\boldsymbol{X})$ 为 θ 的一个充分统计量，概率密度函数为 $f(t;\theta)$，其中 $T(\mathcal{X}) = \Theta$，$\boldsymbol{X}$ 指随机样本，$\mathcal{X}$ 为样本空间；

（C2）存在某个 $p(\theta) > 0$，使 $\tilde{f}(T;\theta) = \dfrac{f(T;\theta)}{p(\theta)}$ 是一个枢轴量；

（C3）定义置信域 $C_k(T)$ 为：

$C_k(T) = \{\theta: \tilde{f}(T;\theta) \geqslant k, \theta \in \Theta\}$，

其中 $k > 0$，对任意 $\alpha \in (0, 1)$，k 的值由 $P[\theta \in C_k(T)] = 1 - \alpha$ 确定。那么，$C_k(T)$ 为 θ 的置信水平为 $1-\alpha$ 的最小面积置信域（MACR），对任意的 $C(T)$ 和 $\theta \in \Theta$，满足

$$\int_{\theta \in C(t)} \mathrm{d}t \leqslant r_k(\theta)\,|C(\theta)|,$$

其中 $r_k(\theta) = \int_{\theta \in C_k(t)} \mathrm{d}t / |C_k(\theta)|$，$|C|$ 指置信域 C 的面积。

在满足一定的条件下，定理5.1得到 $C_k(T)$ 是所有置信水平为 $1-\alpha$ 的置信域 $C(T)$ 中面积最小的置信域，关于定理5.1的证明将在5.6节中给出。

【推论5.1】 设 $C_k(T)$ 是定理5.1中 θ 的置信水平为 $1-\alpha$ 的最小面积置信域（MACR），当数据刻度发生变化，即当 $\boldsymbol{Y} = k\boldsymbol{X}$（$k$ 为常数）时，置

信域 MACR 的最优性不改变。

推论 5.1 是 MACR 的不变性性质，根据充分统计量的一对一变换仍是充分统计量，该结论很容易证明。

5.4 最小面积置信域

设 n 个上记录值 $R_1 < R_2 < \cdots < R_n$ 来自威布尔分布 $Weibull(\beta, \eta)$，下面利用定理 5.1 的方法建立参数 $\theta = (\beta, \eta)$ 的 MACR。

记 $Z = \sum_{i=1}^{n-1} \ln\left(\frac{R_n}{R_i}\right)$, Wang 和 Ye（2015）证明了（$Z$, R_n）为（β, η）的一个充分统计量。作为其等价统计量, $T = \left(Z, \frac{\ln R_n}{Z}\right)$ 也是（β, η）的充分统计量。由于在本章 5.2 节中已知: $U = 2\beta Z \sim \chi^2_{2n-2}$, $V = 2\left(\frac{R_n}{\eta}\right)^\beta \sim \chi^2_{2n}$, U 和 V 独立，则（U, V）的联合概率密度函数为 $f_{2n-2}(u)f_{2n}(v)$, $u, v > 0$, 因此, $T = (T_1, T_2)$ 的概率密度函数为:

$$f(t_1, t_2; \beta, \eta) = f_{2n-2}(2\beta t_1) f_{2n}\left[2\left(\frac{e^{t_1 t_2}}{\eta}\right)^\beta\right] \left|\frac{\partial(u, v)}{\partial(t_1, t_2)}\right|, t_1 > 0 \qquad (5.4)$$

其中, $f_m(x)$ 指卡方分布 χ^2_m 的概率密度函数, $F_m(x)$ 指卡方分布 χ^2_m 的累积分布函数, $U = 2\beta T_1$, $V = 2\left(\frac{e^{t_1 t_2}}{\eta}\right)^\beta$, 雅可比行列式为 $\left|\frac{\partial(u, v)}{\partial(t_1, t_2)}\right| = 4\beta^2 t_1 \left(\frac{e^{t_1 t_2}}{\eta}\right)^\beta$。通过分析式（5.4）的表达式可知，存在 $p(\theta) = \beta$, 使:

$$\tilde{f}(t_1, t_2; \beta, \eta) = f_{2n-2}(2\beta t_1) f_{2n}\left[2\left(\frac{e^{t_1 t_2}}{\eta}\right)^\beta\right] \cdot (2\beta t_1) \cdot \left[2\left(\frac{e^{t_1 t_2}}{\eta}\right)^\beta\right], t_1 > 0,$$

为枢轴量。从而,（β, η）的置信水平为 $1-\alpha$ 的 MACR 为:

$C_k(T) = \{(\beta, \eta) : \tilde{f}(T_1, T_2; \beta, \eta) \geqslant k\}$,

展开得出:

$$C_k(T) = \left\{(\beta,\eta): g(\beta Z) + h\left[\left(\frac{R_n}{\eta}\right)^\beta\right] \leqslant k_\alpha\right\} \tag{5.5}$$

其中，$g(x) = x - (n-1)\ln x$，$h(y) = y - n\ln y$，k_α 是待确定的临界值，且 $k_\alpha > g_{\min} + h_{\min}$，$g_{\min}$ 和 $h_{\min}$ 分别指式（5.5）中函数 $g(.)$ 和 $h(.)$ 的最小值。k_α 和 k 的关系为：$k_\alpha = -\ln[k \cdot \Gamma(n)\Gamma(n-1)]$。

记 $k(x) \equiv k_\alpha - g(x)$，$\tilde{k} \equiv k_\alpha - h_{\min}$，$h_{\min} = h(n)$，式（5.5）中的置信域化简表示为：

$$C_k(T): \begin{cases} g(\beta Z) \leqslant \tilde{k}, \\ h\left[\left(\frac{R_n}{\eta}\right)^\beta\right] \leqslant k(\beta Z) \end{cases} \tag{5.6}$$

由于 $g''(x) > 0$，$h''(y) > 0$，因此 $g(\beta Z) \leqslant \tilde{k}$ 等价于 $k_1 \leqslant \beta Z \leqslant k_2$ 且 $g(k_1) = g(k_2) = \tilde{k}$，$h\left[\left(\frac{R_n}{\eta}\right)^\beta\right] \leqslant k(\beta Z)$ 等价于 $k_{11}(\beta Z) \leqslant \left(\frac{R_n}{\eta}\right)^\beta \leqslant k_{12}(\beta Z)$，且 $h(k_{11}(\beta Z)) = h(k_{12}(\beta Z)) = k(\beta Z)$。进一步展开，式（5.6）中（$\beta$，$\eta$）的置信水平为 $1-\alpha$ 的 MACR 表示为：

$$C_k(T): \begin{cases} \dfrac{k_1}{Z} \leqslant \beta \leqslant \dfrac{k_2}{Z} \\ \dfrac{R_n}{[k_{12}(\beta Z)]^{\frac{1}{\beta}}} \leqslant \eta \leqslant \dfrac{R_n}{[k_{11}(\beta Z)]^{\frac{1}{\beta}}} \end{cases} \tag{5.7}$$

根据下面三组条件：

①
$$\begin{aligned} 1-\alpha &= P[(\beta,\eta) \in C_k(T)] \\ &= P\left\{g(\beta Z) + h\left[\left(\frac{R_n}{\eta}\right)^\beta\right] \leqslant k_\alpha\right\} \\ &= \int_0^\infty\int_0^\infty 4f_{2n-2}(2x)f_{2n}(2y)\,\mathrm{d}x\mathrm{d}y \quad （其中\ g(x)+h(y) \leqslant k_\alpha） \\ &= \int_{k_1}^{k_2}\int_{k_{11}(x)}^{k_{12}(x)} 4f_{2n-2}(2x)f_{2n}(2y)\,\mathrm{d}x\mathrm{d}y \\ &= \int_{k_1}^{k_2} 2f_{2n-2}(2x)[F_{2n}(2k_{12}(x)) - F_{2n}(2k_{11}(x))]\,\mathrm{d}x。 \end{aligned}$$

② $g(x) = x - (n-1)\ln x$，$g(k_1) = g(k_2) = \tilde{k}$。

③ $h(y) = y - n\ln y$, $h(k_{11}(x)) = h(k_{12}(x)) = k_\alpha - g(x)$。

结合 R 软件编程即可计算出临界值 k_α 的值。

5.5 数值分析

5.5.1 模拟研究

一般地，评价一个置信域是否精确的常用标准是置信域的体积（面积）大小，体积（面积）越小，置信域越精确（参见文献 Jeyaratnam, 1985; Efron, 2006; Frey, Marrero and Norton, 2009）。为了比较式（5.7）中的 MACR 和式（5.2）、式（5.3）中的经典置信域，我们讨论各个置信域的面积。

式（5.2）中经典置信域的面积为：

$$|A_j| = \int_{\ln[1+(\frac{n-j}{j})F_{2(n-j),2j}(\alpha_1)]/\ln(R_n/R_j)}^{\ln[1+(\frac{n-j}{j})F_{2(n-j),2j}(\alpha_2)]/\ln(R_n/R_j)} R_n\left[\left(\frac{2}{\chi^2_{2n}(\alpha_1)}\right)^{\frac{1}{\beta}} - \left(\frac{2}{\chi^2_{2n}(\alpha_2)}\right)^{\frac{1}{\beta}}\right]d\beta,$$

$j = 1,2,\cdots,n-1$。

式（5.3）中经典置信域的面积为：

$$|B| = \int_{\chi^2_{2n-2}(\alpha_1)/[2\sum_{i=1}^{n}\ln(R_n/R_i)]}^{\chi^2_{2n-2}(\alpha_2)/[2\sum_{i=1}^{n}\ln(R_n/R_i)]} R_n\left[\left(\frac{2}{\chi^2_{2n}(\alpha_1)}\right)^{\frac{1}{\beta}} - \left(\frac{2}{\chi^2_{2n}(\alpha_2)}\right)^{\frac{1}{\beta}}\right]d\beta。$$

式（5.7）中 MACR 的面积为：

$$|C_k(T)| = \int_{k_1/Z}^{k_2/Z} R_n\left[\left(\frac{1}{k_{11}(\beta Z)}\right)^{\frac{1}{\beta}} - \left(\frac{1}{k_{12}(\beta Z)}\right)^{\frac{1}{\beta}}\right]d\beta$$

$$= \frac{R_n}{Z}\int_{k_1}^{k_2} R_n\left[\left(\frac{1}{k_{11}(x)}\right)^{\frac{Z}{x}} - \left(\frac{1}{k_{12}(x)}\right)^{\frac{Z}{x}}\right]dx。$$

从面积表达式可知，需要利用有样本数据才能比较置信域的面积大小。因此，下面我们利用蒙特卡罗方法模拟去计算式（5.2）、式（5.3）和式（5.7）中置信域的期望面积，具体做法是：

步骤1：由于η为$Weibull(\beta,\ \eta)$的尺度参数，不失一般性，令$\eta=1$，取β的值分别为0.5，1.0，1.2，1.5，2.0，3.0，5.0。

步骤2：样本容量n分别取5，10，15，20，30，50，α的值分别取0.1，0.05，0.01，0.001，进行$N(N=1000)$次蒙特卡罗抽样，样本是容量为n的$Weibull(\beta,\ 1)$分布的上记录值，记为$\mathcal{R}^{(i)}=(R_1^{(i)},\ R_2^{(i)},\ \cdots,\ R_n^{(i)})$，其中$i=1,\ 2,\ \cdots,\ N$。

步骤3：对每一个容量为n的蒙特卡罗样本，计算相应的$|C(R^{(i)})|$的值。

步骤4：取1000个$|C(R^{(i)})|$值的平均作为置信域$C(\mathcal{R})$的期望面积$E|C(\mathcal{R})|$。

表5.1列出了式（5.2）、式（5.3）和式（5.7）中置信域的期望面积，其中A^*代表式（5.2）中的最小面积置信域，B代表式（5.3）中的置信域，$C_k(T)$为式（5.7）中的MACR。由表5.1中的计算结果可得出结论：

（1）无论α、β和n的取值如何，MACR的期望面积都是最小的，表明MACR是一致最精确置信域。

（2）当记录值的数量逐渐增大时，所有置信域的期望面积逐渐减小。

（3）当β的取值逐渐增大时，所有置信域的期望面积逐渐减小。

表5.1　　$Weibull(\beta,\ 1)$置信域的期望面积

$1-\alpha$	n	置信域	β						
			0.5	1.0	1.2	1.5	2.0	3.0	5.0
0.90	5	A^*	17.92	6.110	5.250	4.788	4.275	4.054	3.911
		B	14.93	5.347	4.660	4.127	3.876	3.620	3.565
		$C_k(T)$	14.01	5.113	4.403	3.890	3.569	3.415	3.364
	10	A^*	10.17	2.982	2.525	2.253	2.064	1.926	1.893
		B	6.644	2.384	2.123	1.881	1.756	1.648	1.618
		$C_k(T)$	6.392	2.232	1.889	1.793	1.651	1.549	1.546

续表

$1-\alpha$	n	置信域	β						
			0.5	1.0	1.2	1.5	2.0	3.0	5.0
0.90	15	A^*	6.399	1.970	1.717	1.503	1.364	1.283	1.264
		B	4.232	1.491	1.291	1.174	1.122	1.068	1.069
		$C_k(T)$	4.129	1.464	1.267	1.128	1.075	1.031	1.003
	20	A^*	4.788	1.434	1.233	1.110	1.028	0.973	0.952
		B	2.741	1.067	0.962	0.900	0.854	0.788	0.780
		$C_k(T)$	2.605	1.035	0.908	0.876	0.789	0.767	0.744
	30	A^*	2.806	0.906	0.812	0.741	0.666	0.635	0.629
		B	1.712	0.684	0.617	0.571	0.539	0.521	0.518
		$C_k(T)$	1.505	0.659	0.601	0.550	0.517	0.491	0.494
	50	A^*	1.254	0.509	0.461	0.427	0.405	0.382	0.378
		B	0.805	0.394	0.357	0.337	0.324	0.311	0.308
		$C_k(T)$	0.765	0.374	0.335	0.324	0.314	0.297	0.292
0.95	5	A^*	27.58	8.752	7.528	6.373	5.800	5.417	5.228
		B	22.50	7.254	6.413	5.559	5.167	4.787	4.743
		$C_k(T)$	21.82	6.919	6.050	5.258	4.756	4.471	4.408
	10	A^*	13.81	4.003	3.490	3.108	2.673	2.538	2.520
		B	8.852	3.135	2.772	2.490	2.289	2.184	2.142
		$C_k(T)$	8.648	2.931	2.668	2.342	2.129	2.048	2.004
	15	A^*	9.370	2.714	2.326	2.006	1.817	1.682	1.670
		B	6.083	2.057	1.756	1.615	1.494	1.412	1.393
		$C_k(T)$	5.490	1.911	1.685	1.530	1.420	1.311	1.299
	20	A^*	7.024	1.998	1.694	1.457	1.356	1.271	1.251
		B	4.305	1.429	1.275	1.195	1.097	1.038	1.022
		$C_k(T)$	3.659	1.328	1.218	1.112	1.034	0.988	0.965
	30	A^*	3.929	1.278	1.093	0.987	0.890	0.845	0.830
		B	2.508	0.925	0.825	0.766	0.714	0.693	0.675
		$C_k(T)$	2.265	0.911	0.780	0.722	0.676	0.646	0.643
	50	A^*	1.983	0.732	0.646	0.586	0.532	0.501	0.497
		B	1.121	0.505	0.472	0.453	0.424	0.411	0.405
		$C_k(T)$	1.073	0.498	0.453	0.429	0.402	0.389	0.381

续表

$1-\alpha$	n	置信域	β						
			0.5	1.0	1.2	1.5	2.0	3.0	5.0
0.99	5	A^*	71.42	16.96	13.87	11.68	9.785	8.808	8.413
		B	56.98	14.70	12.25	10.13	8.881	8.004	7.626
		$C_k(T)$	45.17	11.68	10.10	8.757	7.533	6.943	6.690
	10	A^*	29.63	7.443	5.990	5.039	4.394	4.002	3.943
		B	19.05	5.510	4.588	4.046	3.675	3.424	3.349
		$C_k(T)$	16.75	5.099	4.293	3.778	3.368	3.147	3.054
	15	A^*	19.30	4.685	3.835	3.263	2.866	2.687	2.600
		B	11.27	3.356	2.927	2.561	2.321	2.225	2.178
		$C_k(T)$	10.25	3.104	2.684	2.396	2.160	2.013	2.002
	20	A^*	13.45	3.479	2.863	2.507	2.159	1.993	1.946
		B	7.883	2.496	2.174	1.889	1.741	1.634	1.600
		$C_k(T)$	7.291	2.292	1.968	1.772	1.624	1.533	1.482
	30	A^*	8.630	2.204	1.892	1.597	1.460	1.330	1.300
		B	4.887	1.497	1.370	1.239	1.141	1.070	1.068
		$C_k(T)$	4.170	1.471	1.290	1.125	1.044	1.002	0.981
	50	A^*	4.401	1.242	1.064	0.940	0.860	0.802	0.776
		B	2.399	0.876	0.790	0.722	0.672	0.644	0.634
		$C_k(T)$	2.107	0.823	0.746	0.654	0.616	0.595	0.584

5.5.2　实例分析

【**实例1**】从工程学角度考虑，某种电子绝缘液体在恒压水平下分解的时间服从威布尔分布 $Weibull(\beta,\ \eta)$，Nelson（1982）给出当恒压水平为34kV时分解的结果为：

0.96，4.15，0.19，0.78，8.01，31.75，7.35，6.50，8.27，33.91，32.52，3.16，4.85，2.78，4.67，1.31，12.06，36.71，72.89。

来自这一数据的上记录值为：0.96，4.15，8.01，31.75，33.91，36.71，72.89，下面我们计算基于该记录值的参数（β，η）的置信域。

根据定理5.1得到（β，η）的置信水平为95%的MACR为：

$$C_k(T)=\left\{(\beta,\eta):-18.3366\beta-6\ln\beta-14.7504\right.$$

$$\left.+\left(\frac{72.89}{\eta}\right)^{\beta}+7\beta\ln\eta\leqslant-8.2996\right\}。$$

MACR的期望面积$E|C_k(T)|=12.6144$。

相应地，式（5.2）中（β，η）的置信水平为95%的置信域依次为：

$$A_1=\{(\beta,\eta):0.1523\leqslant\beta\leqslant1.4217,72.89(0.0705)^{\frac{1}{\beta}}$$

$$\leqslant\eta\leqslant72.89(0.4094)^{\frac{1}{\beta}}\},$$

$$A_2=\{(\beta,\eta):0.1293\leqslant\beta\leqslant1.2206,72.89(0.0705)^{\frac{1}{\beta}}$$

$$\leqslant\eta\leqslant72.89(0.4094)^{\frac{1}{\beta}}\},$$

$$A_3=\{(\beta,\eta):0.0924\leqslant\beta\leqslant1.0795,72.89(0.0705)^{\frac{1}{\beta}}$$

$$\leqslant\eta\leqslant72.89(0.4094)^{\frac{1}{\beta}}\},$$

$$A_4=\{(\beta,\eta):0.1164\leqslant\beta\leqslant2.0333,72.89(0.0705)^{\frac{1}{\beta}}$$

$$\leqslant\eta\leqslant72.89(0.4094)^{\frac{1}{\beta}}\},$$

$$A_5=\{(\beta,\eta):0.0401\leqslant\beta\leqslant1.5322,72.89(0.0705)^{\frac{1}{\beta}}$$

$$\leqslant\eta\leqslant72.89(0.4094)^{\frac{1}{\beta}}\},$$

$$A_6=\{(\beta,\eta):0.0031\leqslant\beta\leqslant1.0617,72.89(0.0705)^{\frac{1}{\beta}}$$

$$\leqslant\eta\leqslant72.89(0.4094)^{\frac{1}{\beta}}\}。$$

置信域的期望面积分别为$E|A_1|=22.6881$，$E|A_2|=17.2102$，$E|A_3|=13.5070$，$E|A_4|=39.5993$，$E|A_5|=25.7544$，$E|A_6|=13.0535$。

式（5.3）中（β，η）的置信水平为95%的置信域为：

$$B=\{(\beta,\eta):0.1610\leqslant\beta\leqslant1.0907,72.89(0.0705)^{\frac{1}{\beta}}$$

$$\leqslant\eta\leqslant72.89(0.4094)^{\frac{1}{\beta}}\}。$$

该置信域的期望面积是$E|B|=13.7896$。

图 5.1 描绘了当置信水平为 95% 时，(β, η) 的各种置信域的图形。从图 5.1 可得出结论：置信域 MACR 具有最小面积和更好的形状。

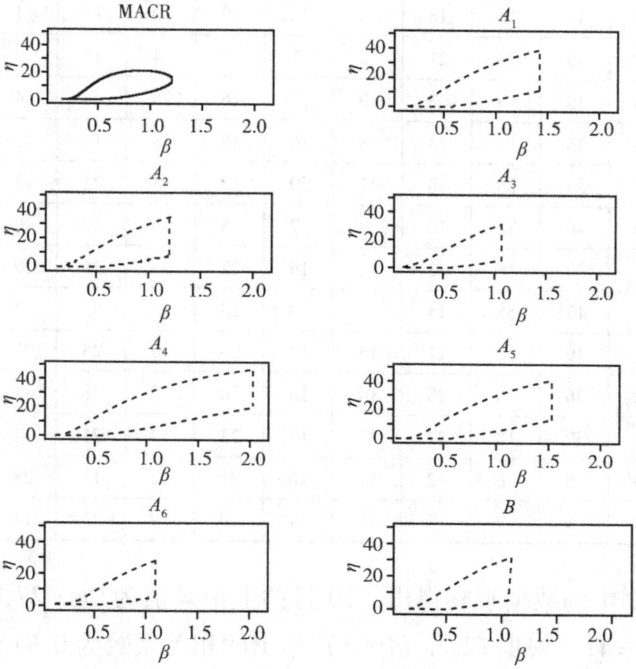

图 5.1　(β, η) 的置信水平为 95% 的置信域

【实例 2】数据来源于 Roberts（1979）：1956 ~ 1974 年加利福尼亚长滩站在 1 小时内平均二氧化硫浓度的月最大值，如表 5.2 所示。

表 5.2　二氧化硫浓度　　单位：亿分之一

年份	月份											
	1	2	3	4	5	6	7	8	9	10	11	12
1956	47	31	44	12	13	3	14	21	33	26	40	32
1957	22	19	20	32	20	23	18	16	13	14	41	25
1958	15	13	20	12	24	13	37	20	32	27	27	68
1959	20	32	20	15	3	6	8	15	17	15	20	20
1960	22	18	23	20	8	13	14	9	13	16	27	20
1961	25	20	20	16	10	10	8	10	12	16	14	43

续表

年份	月份											
	1	2	3	4	5	6	7	8	9	10	11	12
1962	20	13	15	18	10	12	10	10	11	11	14	7
1963	12	18	27	21	2	7	4	4	15	10	18	18
1964	16	10	3	3	19	9	16	25	4	14	18	21
1965	16	18	9	14	8	10	18	18	14	12	17	14
1966	27	33	25	10	17	30	13	18	22	15	25	23
1967	30	40	32	10	8	7	8	26	10	40	18	17
1968	51	30	18	22	10	19	22	25	26	29	50	40
1969	37	13	55	14	9	10	13	17	33	13	15	44
1970	23	19	10	11	15	12	25	40	25	20	12	8
1971	22	36	20	28	10	15	20	55	38	41	26	25
1972	30	32	18	27	37	13	23	19	21	31	25	13
1973	10	8	8	12	11	16	25	16	11	28	10	23
1974	8	9	9	13	8	14	9	9	25	11	19	15

从表 5.2 中的数据观察得出，10 月的上记录值为 26，27，40，41，其中 $n=4$，$X_4=41$。根据 Chan（1993）给出的相关系数为 0.915 的极值分布的期望值与对数观测值的 Q－Q 图表明，威布尔分布是该数据集的一个合理的良好模型。基于该样本数据，(β, η) 的置信水平为 95% 的 MACR 为：

$$C_k(T)=\{(\beta,\eta):0.8979\beta-3\log(0.8979\beta)+(41/\eta)^{\beta}-4\beta\log(41/\eta)\leqslant k_\alpha\}。$$

MACR 的面积是 154.908。

相应地，式（5.2）中 (β, η) 的置信水平为 95% 的置信域为：

$$A_1=\{(\beta,\eta):0.5826\leqslant\beta\leqslant 11.9955, 41(0.1029)^{\frac{1}{\beta}}\leqslant\eta\leqslant 41(1.1318)^{\frac{1}{\beta}}\},$$

$$A_2=\{(\beta,\eta):0.1646\leqslant\beta\leqslant 6.4905, 41(0.1029)^{\frac{1}{\beta}}\leqslant\eta\leqslant 41(1.1318)^{\frac{1}{\beta}}\},$$

$$A_3=\{(\beta,\eta):0.1720\leqslant\beta\leqslant 58.9824, 41(0.1029)^{\frac{1}{\beta}}\leqslant\eta\leqslant 41(1.1318)^{\frac{1}{\beta}}\}。$$

其面积分别是 195.118、166.671 和 369.396。

式（5.3）中（β，η）的置信水平为95%的置信域为：

$B=\{(\beta,\eta):0.5305\leqslant\beta\leqslant 9.0277, 41(0.1029)^{\frac{1}{\beta}}\leqslant\eta\leqslant 41(1.1318)^{\frac{1}{\beta}}\}$。

该置信域的面积是 172.502。图 5.2 描绘出置信域 MACR、A_2 和 B 的图形。从图 5.2 得出，置信域 MACR 具有最小面积和更好的形状。

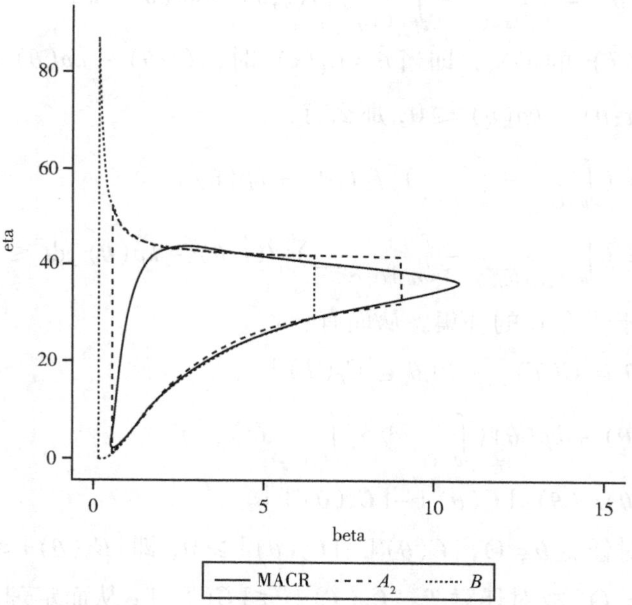

图 5.2　（β，η）的置信水平为 95% 的置信域 MACR，A_2 和 B

5.6　定理的证明

下面对定理 5.1 的进行证明。

证：设 $C(T)$ 为 θ 的任意一个置信水平为 $1-\alpha$ 的置信域，且满足：

$\int_{\theta\in C(t)} \mathrm{d}t \leqslant r_k(\theta) \mid C(\theta) \mid$，

则对任意 $\theta\in\Theta$，有：

$$1-\alpha \leqslant P[\theta \in C(T)] = \int_{\theta \in C(t)} [f(t;\theta) - kp(\theta)]\mathrm{d}t + kp(\theta)\int_{\theta \in C(t)} \mathrm{d}t。$$

由 $P[\theta \in C_k(T)] = 1-\alpha$ 可得：

$$0 \leqslant P[\theta \in C(T)] - P[\theta \in C_k(T)]$$
$$= d_k(\theta) + kp(\theta)\left(\int_{\theta \in C(t)} \mathrm{d}t - \int_{\theta \in C_k(t)} \mathrm{d}t\right),$$

其中 $d_k(\theta) = \left(\int_{\theta \in C(t)} - \int_{\theta \in C_k(t)}\right)[f(t;\theta) - kp(\theta)]\mathrm{d}t$。

根据 $C_k(T)$ 的定义，即当 $\theta \in C_k(t)$ 时，$f(t;\theta) - kp(\theta) \geqslant 0$；当 $\theta \in \overline{C_k(t)}$ 时，$f(t;\theta) - kp(\theta) \leqslant 0$，那么有：

$$d_k(\theta) = \left(\int_{\theta \in C(t)} - \int_{\theta \in C_k(t)}\right)[f(t;\theta) - kp(\theta)]$$
$$= \left(\int_{\theta \in C(t) \cap \overline{C_k(t)}} - \int_{\theta \in C_k(t) \cap \overline{C(t)}}\right)[f(t;\theta) - kp(\theta)]\mathrm{d}t \leqslant 0,$$

其中 $\overline{C}$ 指集合 C 的补集。从而有：

$$0 \leqslant P[\theta \in C(T)] - P[\theta \in C_k(T)]$$
$$= d_k(\theta) + kp(\theta)\left(\int_{\theta \in C(t)} \mathrm{d}t - \int_{\theta \in C_k(t)} \mathrm{d}t\right),$$
$$\leqslant k_p(\theta)r_k(\theta)[\,|C(\theta)| - |C_k(\theta)|\,]。$$

因此，对任意 $\theta \in \Theta$，$|C(\theta)| - |C_k(\theta)| \geqslant 0$，即 $|C_k(\theta)| \leqslant |C(\theta)|$。又因为 $T(X) = \Theta$，故对任意 T，$|C_k(T)| \leqslant |C(T)|$，从而定理 5.1 获证。

5.7 本章小结

在满足一定的条件下，本章首先得到一个求解最小面积置信域的定理，并证明了置信域的最优性不会随着数据刻度发生变化而改变；其次，建立威布尔分布在上记录值下参数的新置信域；最后，通过蒙特卡罗方法模拟计算经典置信域和新置信域的期望面积，通过模拟结果和实例分析得出一致结论，新建立的 MACR 面积最小，MACR 是一致最精确置信域，由此解决了基于记录值威布尔分布参数的最优置信域问题。

参考文献

[1] Abdel - Hamid, A. H. , AL - Hussaini, E. K. Inference for a progressive stress model from Weibull distribution under progressive type - Ⅱ censoring [J]. Journal of Computational and Applied Mathematics, 2011, 235, 5259 - 5271.

[2] Ahsanullah, M. On the Record Values from Univariate Distributions [J]. National Institute of Standards and Technology Journal of Research, Special Publications, 1993, 12, 1 - 6.

[3] Ahsanullah, M. A. Note on record values of uniform distribution [J]. Pakistan Journal of Statistics, 1997, 13 (1), 1 - 8.

[4] Anderson, C. W. , Ray, W. D. Improved maximum likelihood estimators for the Gamma distribution [J]. Communications in Statistics - Simulation and Computation, 1975, 4, 437 - 448.

[5] Ahmadi, J. , Balakrishnan, N. Confidence intervals for quantiles in terms of record range [J]. Statistics and Probability Letters, 2004, 68, 398 - 405.

[6] Ahmadi, J. , Doostparast, M. Bayesian Estimation and Prediction for Some Life Distributions Based on Record Values [J]. Statistical Papers, 2006, 47, 373 - 392.

[7] Ahsanullah, M. Estimation of the parameters of the Gumbel distribution based on the m record values [J]. Computational Statistics Quarterly, 1990, 3, 231 - 239.

[8] Ahsanullah, M. Introduction to record statistics [M]. NOVA Science Publishers Inc. , New York: Huntington, 1995.

[9] Arnold, B. C. , Balakrishnan, N. , Nagaraja, H. N. Records [M]. New York: John Wiley Sons, 1998.

[10] Asgharzadeh, A. and Abdi, M. Confidence Intervals and Joint Confidence Regions for the Two – Parameter Exponential Distribution based on Records [J]. Communication of the Korean Statistical Society, 2011a, 18, 103 – 110.

[11] Asgharzadeh, A., Abdi, M. Joint confidence regions for the parameters of the Weibull distribution based on records [J]. ProbStat Forum, 2011b, 4, 12 – 24.

[12] Asgharzadeh, A., Fernández, A. J., Abdi, M. Confidence sets for the two – parameter Rayleigh distribution under progressive censoring [J]. Applied Mathematical Modelling, 2017, 47, 656 – 667.

[13] Bain, L. J. Statistical analysis of reliability and life testing models [M]. New York: Marcer Dekker, 1978.

[14] Bairamov, I., Parsi, S. On flexible progressive censoring [J]. Journal of Computational and Applied Mathematics, 2011, 235, 4537 – 4544.

[15] Balakrishnan, N., Ahsanullah, M. Recurrence relations for single and product moments of record values from generalized Pareto distribution [J]. Communications in Statistics – Theory and Methods, 1994, 23, 2841 – 2852.

[16] Balakrishnan, N., Basu, A. P. The Exponential Distribution: Theory, Methods and Applications [M]. The Netherlands: Gordon and Beach Publishers, 1995.

[17] Balakrishnan, N., Chan, P. S. Record values from Rayleigh and Weibull distributions and associated inference [C]. The International Conference on Extremes and Applications, 1993, Gaithersburg, MD.

[18] Balakrishnan, N., Chan, P. S. Record values from Rayleigh and Weibull distributions and associated inference [J]. National Institute of Standards and Technology Journal of Research, Special Publication, 1994, 3, 41 – 51.

[19] Balakrishnan, N., Chan, P. S. On the normal record values and associated inference [J]. Statistics and Probability Letters, 1998, 39, 73 – 80.

[20] Balakrishnan, N., Aggarwala, R. Progressive censoring: theory, methods, and applications [M]. New York: Springer Science Business Media, 2000.

[21] Balakrishnan, N., Cramer, E. The Art of Progressive Censoring: Applications to Reliability and Quality [M]. New York: Springer, 2014.

[22] Bardlow, E. T., Park, Y. Bayesian estimation of bid sequences in internet auction using a generalized record breaking model [J]. Marketing Science, 2007, 26, 218-229.

[23] Benestad, R. E. How often can we expect a record event [J]. Climate research, 2003, 25, 3-13.

[24] Berman, M. The maximum likelihood estimators of the parameters of the gamma distribution are always positively biased [J]. Communications in Statistics - Theory and Methods, 1981, 10, 693-697.

[25] Bickel, P. J., Doksum, K. A. Mathematical Statistics: Basic Ideas and Selected Topics [M]. New Jersey: Prentice Hall, Vol I, 2nd edition, 2001.

[26] Bieniek, M. P., Szynal, D. Recurrence relations for k-th upper and lower record values [J]. Journal of Mathematical Sciences, 2002, 111, 3511-3519.

[27] Bieniek, M., Szynal, D. On k-th record times, record values and their moments [J]. Journal of Statistical Planning and Inference, 2007, 137, 12-22.

[28] Bowman, K. O., Shenton, L. R. Properties of Estimators for the Gamma Distribution [M]. New York: Marcel Decker, 1988.

[29] Brent, R. Algorithms for Minimization Without Derivatives [M]. Englewood Cliffs, NJ, USA: Prentice-Hall, 1973.

[30] Brown, L. D., Casella, G., Hwang, J. T. Optimal confidence sets, bioequivalence, and the lamacon of Pascal [J]. Journal of the American Statistical Association, 1995, 90, 880-889.

[31] Chan, P. S. A statistical study of log-gamma distribution [D]. McMaster University, Canada, 1993.

[32] Chan, P. S. Interval estimation of location and scale parameters based on record values [J]. Statistics and Probability Letters, 1998, 37, 49-58.

[33] Choi, S. C., Wette, R. Maximum likelihood estimation of the parameters of the gamma distribution and their bias [J]. Technometrics, 1969, 11, 683 - 690.

[34] Chen, P., Ye, Z. S. Estimation of field reliability based on aggregate lifetime data [J]. Technometrics, 2017, 59, 115 - 125.

[35] Chandler, K. N. The distribution and frequency of record values [J]. Journal of the Royal Statistical Society Series B, 1952, 14, 220 - 228.

[36] Coles, S. G., Tawn, J. A. A bayesian analysis of extreme rainfall data [J]. Applied Statistics, 1996, 463 - 478.

[37] Cramer, E., Kamps, U. Estimation with sequential order statistics from exponential distributions [J]. Annals of the Institute of Statistical Mathematics, 2001, 53, 307 - 324.

[38] Cramer, E., Naehrig, G. Laplace record data [J]. Journal of Statistical Planning and Inference, 2012, 142, 2179 - 2189.

[39] Dallas, A. C. Journal of Applied Probability Distribution [J]. Journal of Applied Probability, 1981, 18, 949 - 951.

[40] Dallas, A. C. Some results on record values from the exponential and Weibull law [J]. Acta Mathematica Academy of Sciences of Hungary, 1982, 40, 307 - 311.

[41] David, H. A., Nagaraja, H. N. Order Statistics (3rd edn) [M]. Hoboken, NJ: John Wiley, 2003.

[42] Doostparast, M. A Note on Estimation Based on Record Data [J]. Metrika, 2009, 69, 69 - 80.

[43] Doostparast, M., Balakrishnan, N. Optimal Record - based Statistical Procedures for the Two - Parameter Exponential Distribution [J]. Journal of Statistical Computation and Simulation, 2011, 81, 2003 - 2019.

[44] Dziubdziela, W., Kopocinski. Limiting properties of the k - th record value [J]. Applications of Mathematics, 1976, 15, 187 - 190.

[45] Efron, B. Minimum volume confidence regions for a multivariate nor-

mal mean vector [J]. Journal of the Royal Statistical Society Series B, 2006, 68, 655 - 670.

[46] Elfessi, A. Estimation of a linear function of the parameters of an exponential distribution from doubly censored samples [J]. Statistics and Probability Letters, 1997, 36, 251 - 259.

[47] Feller, W.. An introduction to probability theory and its applications [M]. New York: John Wiley and Sons, 1966.

[48] Fernández, A. J. On maximum likelihood prediction based on Type Ⅱ doubly censored exponential data [J]. Metrika, 2000, 50, 211 - 220.

[49] Fernández, A. J. On estimating exponential parameters with general type Ⅱ progressive censoring [J]. Journal of Statistical Planning and Inference, 2004a, 121, 135 - 147.

[50] Fernández, A. J. One - and two - sample prediction based on doubly censored exponential data and prior information [J]. Test, 2004b, 13, 403 - 416.

[51] Fernández, A. J. Progressively censored variables sampling plans for two - parameter exponential distributions [J]. Journal of Applied Statistics, 2005, 32, 823 - 829.

[52] Fernández, A. J. Reliability inference and sample - size determination under double censoring for some two - parameter models [J]. Computational Statistics and Data Analysis, 2008, 52, 3426 - 3440.

[53] Fernández, A. J. Minimizing the area of a Pareto confidence region [J]. European Journal of Operational Research, 2012, 221, 205 - 212.

[54] Fernández, A. J. Smallest Pareto confidence regions and applications [J]. Computational Statistics and Data Analysis, 2013, 62, 11 - 25.

[55] Fernández, A. J. Computing optimal confidence sets for Pareto models under progressive censoring [J]. Journal Of Computational And Applied Mathematics, 2014, 259, 168 - 180.

[56] Frey, J., Marrero, O., Norton, D. Minimum - area confidence sets for a normal distribution [J]. Journal of Statistical Planning and Inference,

2009, 139, 1023 – 1032.

[57] Ghosh, J. K. On the relation among shortest confidence intervals of different types [J]. Calcutta Statistical Association Bulletin, 1961, 10, 147 – 152.

[58] Goroncy, A., Rychlik, T. Lower bounds on the expectations of upper record values [J]. Journal of Statistical Planning and Inference, 2011, 141, 2726 – 2737.

[59] Gouet, R., Lopez, F. J., Sanz, G. On δ – record observations: asymptotic rates for the counting process and elements of maximum likelihood estimation [J]. Test, 2012, 21, 188 – 214.

[60] Greenwood, J. A., Durand, D. Aids for fitting the gamma distribution by maximum likelihood [J]. Technometrics, 1960, 2, 55.

[61] Gupta, S. S., Groll, P. A. Gamma distribution in acceptance sampling based on life tests [J]. Journal of the American Statistical Association, 1961, 56, 942 – 970.

[62] Hayter, A. J. Confidence bands for the reliability function of a two – parameter exponential model [J]. Journal of Quality Technology, 2012, 44, 155 – 160.

[63] Hoinkes, L. A., Padgett, W. Maximum likelihood estimation from record breaking data for the weibull distribution [J]. Quality and Reliability Engineering International, 1994, 10, 5 – 13.

[64] Hsieh, P. A data – analytic method for forecasting next record catastrophe loss [J]. Journal of risk and insurance, 2004, 71, 309 – 322.

[65] Hwang, T. Y., Huang, P. H. On new moment estimation of parameters of the gamma distribution using it's characterization [J]. Annals of the Institute of Statistical Mathematics, 2002, 54, 840 – 847.

[66] Jafari, A. A., Zakerzadeh, H. Inference on the parameters of the Weibull distribution using records [J]. Statistics and Operations Research Transactions, 2015, 39, 3 – 18.

[67] Jeyaratnam, S. Minimum volume confidence regions [J]. Statistics

and Probability Letters, 1985, 3, 307 – 308.

[68] Jiao, J., Cheng, W. Tolerance limits under gamma mixtures: Application in hydrology [J]. Journal of Systems Science and Complexity, 2023, 36, 1285 – 1301.

[69] Johnson, N. L., Kotz, S., Balakrishnan, N. Continuous Univariate Distributions [M]. New York: Wiley & Sons, Vol 1, 2nd edition, 1994.

[70] Khan, H. M. R., Haq, M. S., Provost, S. B. Predictive inference for future responses given a doubly censored sample from a two parameter exponential distribution [J]. Journal of Statistical Planning and Inference, 2006, 136, 3156 – 3172.

[71] Khan, H. M. R., Albatineh, A., Alshahrani, S., Jenkins, N., Ahmed, N. U. Sensitivity analysis of predictive modeling for responses from the three – parameter Weibull model with a follow – up doubly censored sample of cancer patients [J]. Computational Statistics and Data Analysis, 2011, 55, 3093 – 3103.

[72] Knight, K. Mathematical Statistics [M]. Boca Raton, FL: Chapman & Hall/CRC, 2000.

[73] Krishnamoorthy, K., Mathew, T., Mukherjee, S. Normal – based methods for a Gamma distribution [J]. Technometrics, 2008, 50, 69 – 78.

[74] Krug, J., Jain, K. Breaking records in the evolutionary race [J]. Physica A: Statistical Mechanics and its Applications, 2005, 53, 1 – 9.

[75] Kumar, D., Kulshrestha, A. Expectation identities of upper record values from generalized pareto distribution and a characterization [J]. Journal of Statistics Applications & Probability, 2013, 2, 115 – 121.

[76] Kuper, G. H., Sterken, E. Endurance in speed skating: The development of world records [J]. European Journal of Operational Research, 2003, 148, 293 – 301.

[77] Langlois, R. Estimation of Weibull parameters [J]. Journal of Materials Science Letters, 1991, 10, 1049 – 1051.

[78] LaRiccia, V. N. Optimal goodness – of – git gests for normality against skewness and kurtosis alternatives [J]. Journal of Statistical Planning and Inference, 1986a, 13, 67 – 79.

[79] LaRiccia, V. N. Asymptotically chi – squared distributed tests of normality for type Ⅱ censored samples [J]. Journal of the American Statistical Association, 1986b, 81, 1026 – 1031.

[80] Lawless, J. F. Statistical Models and Methods for Lifetime Data [M]. New York: Wiley & Sons, 1982.

[81] Lee, W. C., Wu, J. W., Hong, C. W. Assessing the lifetime performance index of products with the exponential distribution under progressively type Ⅱ right censored samples [J]. Journal of Computational and Applied Mathematics, 2009, 231, 648 – 656.

[82] Lee, H. M., Lee, W. C., Lei, C. L., Wu, J. W. Computational procedure of assessing lifetime performance index of Weibull lifetime products with the upper record values [J]. Mathematics and Computers in Simulation, 2011, 81, 1177 – 1189.

[83] Lehmann, E. L., Casella, G. Theory of Point Estimation [M]. New York: Springer, 2nd, 1998.

[84] Lemonte, A. J., Ferrari, S. L. P. Testing hypotheses in the Birnbaum – Saunders distribution under type – Ⅱ censored samples [J]. Computational Statistics and Data Analysis, 2011, 55, 2388 – 2399.

[85] Liu, W., Hayter, A. J. Minimum area confidence set optimality for confidence bands in simple linear regression [J]. Journal of the American Statistical Association, 2007, 102, 181 – 190.

[86] Madi, M. T. Decision Theoretic Estimation Using Record Statistics [J]. Metrika, 2006, 63, 91 – 98.

[87] Meeker, W. Q., Escobar, L. A. Statistical Methods for Reliability Data [M]. New York: Wiley, 1998.

[88] Murthy, D. N. P., Xie, M., Jiang, R. Weibull Models [M].

Hoboken: Wiley, 2004.

[89] Nagaraja, H. N. Record values and related statistics - a review [J]. Communications in Statistics - Theory and Methods, 1988, 17, 2223 - 2238.

[90] Nelson, W. Applied life data analysis [M]. New York: John Wiley & Sons, 1982.

[91] Nevzorov, V. B. Records: Mathematical Theory [M]. Providence, RI: American Mathematical Society, 2001.

[92] Pradhan, B., Kundu, D. Bayes estimation and prediction of the two - parameter gamma distribution [J]. Journal of Statistical Computation and Simulation, 2011, 81, 1187 - 1198.

[93] Pratt, J. W. Length of confidence intervals [J]. Journal of the American Statistical Association, 1961, 56, 549 - 567.

[94] Raqab, M. Z. Some results on the moments of record values from linear exponential distribution [J]. Mathematical and Computer Modelling, 2001, 34, 1 - 8.

[95] Raqab, M. Z. Inferences for generalized exponential distribution based on record statistics [J]. Journal of Statistical Planning and Inference, 2002, 104, 339 - 350.

[96] R Core Team. R: a language and environment for statistical computing. Austria, Vienna: R Foundation for Statistical Computing, 2014. http: //www. R - project. org/.

[97] Resnick, S. I. Extreme values, regular variation and point processes [M]. New York: Springer - Verlag, 1973.

[98] Roberts, E. Review of statistics of extreme values with applications to air quality data: Part ii. applications [J]. Journal of the Air Pollution Control Association, 1979, 29, 733 - 740.

[99] Saran, J., Singh, S. K. Recurrence relations for single and product moments of the K - threcord values from Linear Exponential Distribution and a characterization [J]. Asian Journal of Mathematics & Statistics, 2008, 1

(3), 159 – 164.

[100] Schafer, C. M., Stark, P. B. Constructing confidence regions of optimal expected size [J]. Journal of the American Statistical Association, 2009, 104, 1080 – 1089.

[101] Schneider, H. Simple and highly efficient estimators for censored normal samples [J]. Biometrika, 1984, 71, 412 – 414.

[102] Schneider, H., Weissfeld, L. Inference based on type Ⅱ censored samples [J]. Biometrics, 1986, 42, 531 – 536.

[103] Shenton, L. R., Bownman, K. O. Further remarks on maximum likelihood estimation for gamma distribution [J]. Technometrics, 1972, 14, 725 – 733.

[104] Stacy, E. W. A generalization of the gamma distribution [J]. The Annals of mathematical statistics, 1962, 33, 1187 – 1192.

[105] Stacy, E. W. Quasimaximum likelihood estimation for two – parameter gamma distributions [J]. IBM Journal of Research and Development, 1973, 17, 115 – 124.

[106] Soliman, A. A., Abd Ellah, A. H., Sultan, K. S. Comparison of estimates using record statistics from Weibull model: Bayesian and non – Bayesian approaches [J]. Computational Statistics and Data Analysis, 2006, 51, 2065 – 2077.

[107] Soliman, A. A., Al – Aboud, F. M. Bayesian inference using record values from Rayleigh model with application [J]. European Journal of Operational Research, 2008, 185, 659 – 672.

[108] Sun, X. Q., Zhou, X., Wang, J. L. Confidence intervals for the scale parameter of exponential distribution based on Type Ⅱ doubly censored samples [J]. Journal of Statistical Planning and Inference, 2008, 138, 2045 – 2058.

[109] Tanaka, H., Pal, N., Lim, W. K. On improved estimation of a gamma shape parameter [J]. Statistics, 2015, 49, 84 – 97.

[110] Teimouri, M., Gupta, A. K. On the Weibull record statistics and

associated inferences [J]. Statistica, 2012, 72, 145 - 162.

[111] Teimouri, M., Nadarajah, S. Bias corrected MLEs for the Weibull distribution based on records [J]. Statistical Methodology, 2013, 13, 12 - 24.

[112] Tseng, Y. L., Brown, L. D. Good exact confidence sets for a multivariate normal mean [J]. The Annals of Statistics, 1997, 25, 2228 - 2258.

[113] Vaseghi, S. V. Advanced digital signal processing and noise reduction [M]. New York: Wiley, 2008.

[114] Viveros, R., Balakrishnan, N. Interval estimation of parameters of life from progressively censored data [J]. Technometrics, 1994, 36, 84 - 91.

[115] Wang, L., Shi, Y. M. Reliability Analysis of a Class of Exponential Distribution under Record Values [J]. Journal of Computational and Applied Mathematics, 2013, 239, 367 - 379.

[116] Wang, B. X., Ye, Z. S. Inference on the Weibull distribution based on record values [J]. Computational Statistics and Data Analysis, 2015, 83, 26 - 36.

[117] Wang, L., Tripathi, Y. M., Wu, S. J., Zhang, M. Inference for confidence sets of the generalized inverted exponential distribution under k - record values [J]. Journal of Computational and Applied Mathematics, 2020, 380, 1 - 14.

[118] Wiens, B. L. When Log - Normal and Gamma models give different results: a case study [J]. The American Statistician, 1999, 53, 89 - 93.

[119] Wilk, M. B., Gnanadesikan, R., Huyett, M. J. Estimation of parameters of the gamma distribution using order statistics [J]. Biometrika, 1962, 49, 525.

[120] Working, H., Hotelling, H. Applications of the theory of error to the interpretation of trends [J]. Journal of the American Statistical Association, 1929, 24, 73 - 85.

[121] Wu, J. W., Li, P. L. Optimal parameter estimation of the extreme value distribution based on a Type Ⅱ censored sample [J]. Communications in

Statistics - Theory and Methods, 2003, 32, 533 -554.

[122] Wu, J. W., Tseng, H. C. Statistical inference about the shape parameter of the Weibull distribution by upper record values [J]. Statistical Papers, 2006, 48, 95 -129.

[123] Wu, S. F. Interval estimation for the two - parameter exponential distribution based on the doubly Type Ⅱ censored sample [J]. Quality and Quantity, 2007, 41, 489 -496.

[124] Wu, S. F. Interval estimation for a Pareto distribution based on a doubly type Ⅱ censored sample [J]. Computational Statistics and Data Analysis, 2008, 52, 3779 -3788.

[125] Wu, S. F. Interval estimation for the two - parameter exponential distribution under progressive censoring [J]. Quality and Quantity, 2010, 44, 181 -189.

[126] Xu, J. L., Yang, G. L. A Note on a characterization of the exponential distribution based on a Type Ⅱ censored sample [J]. The Annals of Statistics, 1995, 23, 769 -773.

[127] Yang, T. Y., Lee, J. C. Bayesian nearest - neighbor analysis via record value statistics and nonhomogeneous spatial Poisson processes [J]. Computational Statistics Data Analysis, 2007, 51, 4438 -4449.

[128] Yang, M., Puza, B. Optimal confidence intervals for the geometric parameter [J]. Communications in Statistics - Theory and Methods, 2020, 49, 590 -606.

[129] Ye, Z. S., Tang, L. C., Xu, H. Y. A distribution - based systems reliability model under extreme shocks and natural degradation [J]. IEEE Transactions on Reliability, 2011, 60, 246 -256.

[130] Ye, Z. S., Chen, N. Closed - form estimators for the Gamma distribution derived from likelihood equations [J]. The American Statistician, 2017, 71, 177 -181.

[131] Zakerzadeh, H., Jafari, A. A. Inference on the parameters of two

Weibull distributions based on record values [J]. Statistical Methods and Applications, 2015, 24, 25 -40.

[132] Zaigraev, A., Podraza - Karakulska, A. On estimation of the shape parameter of the gamma distribution [J]. Statistics and Probability Letters, 2008, 78, 286 -295.

[133] Zhang, J. Mathematical Statistics [M]. Beijing: Science Press, 2013a.

[134] Zhang, J. Reducing bias of the maximum likelihood estimator of shape parameter for the gamma distribution [J]. Computational Statistics, 2013b, 28, 1715 -1724.

[135] Zhang, J. Simplification of joint confidence regions for the parameters of the Pareto distribution [J]. Computational Statistics, 2013c, 28, 1453 -1462.

[136] Zhang, J. Minimum - volume confidence sets for parameters of normal distributions [J]. AStA - Advances in Statistical Analysis, 2017, 101, 309 -320.

[137] Zhang, J. Minimum volume confidence sets for two - parameter exponential distributions [J]. The American Statistician, 2018, 72, 213 -218.

[138] Zhao, X., Cheng, W. B, Zhang, Y., Zhang, Q. N., Yang, Z. H. New statistical inference for the Weibull distribution [J]. The Quantitative Methods for Psychology, 2015, 11, 139 -147.

